ハングルで ならう にほんごの かいわ

우리말로 배우는
일어
회화

김미연 지음

버들미디어

■머리말

　바야흐로 세계화가 제창되고 있는 가운데 외국어에 대한 관심이 한층 깊어진 요즈음, 우리나라에 지리적으로 가장 가까운 이웃인 일본, 그러면서도 먼 이웃으로 경원하는 경향이 아직 남아 있는 것은 아닌지 사뭇 걱정되는 것이 저자의 솔직한 심정입니다.

　일본은 독자 여러분도 알다시피 세계 선진국의 대열에 서서 아시아의 강국임은 그누구도 부정할 수 없는 현실입니다.

　지난날 우리 조상들이 가까운 일본을 너무도 경시하였으며, 그들의 내면을 정확히 판단하지 못하여 일찍이 그들을 깨우쳐 주는 선도적 입장에 있었던 우수한 우리 민족이 쓰라린 비극을 겪었음을 인정할 때, 차제에 일본을 보다 정확히 알고, 보다 바르게 보며, 바로 판단할 수 있는 기회의 일본어 학습을 하였으면 하는 바람입니다.

　요즘 일본어는 우리 생활 주변에 가장 가깝게 접근할 수 있으며, 어떤 의미에서는 불가피한 외국어로 등장하고 있습니다.

　흔히들 일본어는 한국어와 비슷해서 쉽게 배울 수 있다고 가

볍게 시작하지만 대개는 단편적인 기본문형 몇 개를 외우다가 포기하는 경우가 많습니다.

  그동안 일본어 학습의 능률적인 습득법이 거듭 연구되어 왔으며 수많은 일본어 학습을 위한 책자가 출간되고 있습니다.

  본서 「우리말로 배우는 일어 회화」는 종래의 책자와는 조금 특색을 달리하는 형식을 취해 보다 손쉽게 그리고 능률적으로 일본어 학습을 할수 있도록, 또한 일본어를 처음 시작하는 학습자 누구나가 포기하지 않고 즐거운 마음으로 일본어를 구사할 수 있도록 문형 형식을 구성하고, 또한 한글을 알면 모든 이가 쉽게 접할 수 있도록 구성한 데 그 특징이 있습니다.

  아무쪼록 보다 많은 이들이 쉽게 일본어에 익숙해질 수 있는 기회가 되길 바라며, 책 발간에 의욕적으로 밀어주신 버들미디어의 마복남 사장님과 직원 일동에게 감사의 마음을 전합니다.

저자 김 미 연

CONTENTS

■머리말

| 공식 1 | 〈동사+명령〉형 | 「…をしろ[…て ください]」■12 |

만나고 헤어질 때의 인사■14

공식 2	〈사람+ 조사+ 사물〉형	「~に ~をしてくれ(~てください)」■16
공식 3	〈사람+조사+명령〉형	「…しろ」를 말할 때 쓰는■18
공식 4	〈대명사+조사+명령〉형	「…を しろ」라고 말할 때 쓰는■20
공식 5	〈명사+조사+청유〉형	「…し よう」를 말할 때 쓰는■22
공식 6	〈명사+조사+금지〉형	「…を するな」라고 말할 때 쓰는■24
공식 7	의문문	〈あなた+형용상태〉형■26
공식 8	의문문	〈かれは+あなたに+형용〉형■28
공식 9	의문문	〈かれらは+~てきですか〉형■30
공식 10	일반동사가 있는 의문문	〈あなたは+일반동사+か〉형■32
공식 11	〈항상 …합니까〉를 말할 때는	〈あなたは いつも+しますか〉형■34

정도를 표시하는 방법■36

공식 12	의문사가 나오는 의문문 ①	〈あなたは+~に なにをしますか〉형■38
공식 13	의문사가 나오는 의문문 ②	〈あなたは+どこに+すんで いますか〉형■40
공식 14	의문사가 나오는 의문문 ③	〈あなたは+なぜ+しますか〉형■42
공식 15	의문사가 나오는 의문문 ④	〈あなたは+いつ+つきますか〉

형■44

공식 16	의문사가 나오는 의문문 ⑤	<あなたは+どう わたりますか>형■46
공식 17	의문문 ①	<あなたは+ひまですか>형■48
공식 18	의문문 ②	<あなたは+きょねん+〜でしたか>형■50

기본 대화■52

공식 19	의문문 ③	<かれは+びょうきでしたか>형■54
공식 20	의문문 ④	<かれらは+〜でしたか>형■56
공식 21	의문문	<あなたは+しらべましたか>형■58
공식 22	일반동사가 있는 의문문 ①	<주어+일반동사+〜ましたか>형■60
공식 23	의문사가 나오는 의문문 ①	<주어+なにを+일반동사ましたか>형■62
공식 24	의문사가 있는 의문문 ②	<주어+なにを+일반동사ましたか>형■64
공식 25	의문사가 있는 의문문 ③	<あなたは+どこで+일반동사?>형■66

장소를 표현하는 방법■68

| 공식 26 | 의문사가 있는 의문문 ④ | <あなたは+どこで+일반동사?>형■70 |
| 공식 27 | 의문사가 오는 의문문 ⑤ | <あなたは+なぜ+일반동사?>형■72 |

이유와 원인을 묻는 방법■74

공식 28	의문사가 나오는 의문문 ⑥	<あなたは+いつ+일반동사?>형■76
공식 29	의문사가 나오는 의문문 ⑦	<どの+명사+あなたは+일반동사?>형■78
공식 30	현재 진행 상태를 나타내는	<わたしは いま+〜を+〜して いる ところだ>형■80
공식 31	현재의 진행 상태를 나타내는	<わたしたちは+〜ている ところです>형■82
공식 32	현재의 진행 상태를 부정하는	<かれは+〜して いません>형■84

공식 33 현재의 진행 상태를 묻고 있는 〈あなたは+동사+~て いる ところですか〉형 ■86

질문에 대답하는 법 ■88

공식 34 현재의 진행 상태를 묻고 있는 〈だれが+~て いる ところですか〉형 ■90

공식 35 현재의 진행 상태를 묻고 있는 〈あなたは だれと+~て いる ところですか〉형 ■92

공식 36 현재의 진행 상태를 묻고 있는 〈かれは だれと+동사 ~て いる ところ+?〉형 ■94

공식 37 현재의 진행 상태를 묻고 있는 〈あなたは どこで+동사 ~て いる ところですか〉형 ■96

공식 38 현재의 진행 상태를 묻고 있는 〈あなたは なにを+동사+~て いる ところ…?〉형 ■98

공식 39 과거의 진행 상태를 나타내는 〈わたしは+동사 ~て いた〉형 ■100

공식 40 과거의 진행 상태를 나타내는 〈わたしたちは+~て いた〉형 ■102

공식 41 과거의 진행 상태를 부정하는 〈わたしは+~て いませんでした〉형 ■104

공식 42 과거의 진행상태를 묻는 〈あなたは+~て いましたか〉형 ■107

공식 43 과거의 진행상태를 묻는 〈だれ が+~て いましたか〉형 ■109

공식 44 과거의 진행상태를 묻는 〈あなたは+~て いましたか〉형 ■112

공식 45 과거의 진행상태를 묻는 〈かれは その とき だれと+~て いましたか〉형 ■115

공식 46 과거의 진행상태를 묻는 〈あなたは その とき+~て いましたか〉형 ■118

공식 47	과거의 진행상태를 묻는	〈あなたは その とき なにを+~て いましたか〉형 ■121
공식 48	형용사가 있는 부정문 ①	〈わたしは+형용사 く ない〉형 ■123
공식 49	명사가 있는 부정문	〈わたしは+명사 では ない〉형 ■125
공식 50	형용사가 있는 부정문 ②	〈わたしたちは+형용사~く ない〉형 ■127
공식 51	명사의 부정문	〈かれは+명사~では ない〉형 ■129
공식 52	형용사의 부정문	〈かれらは+형용사~く ない〉형 ■131
공식 53	「~은 문제가 되지 않는다」를 말할 때는	〈~は もんだいに ならない〉형 ■133

상대방 말에 맞장구 치는 법 ■136

공식 54	일반 동사가 있는 부정문 ①	〈わたしは+일반동사~なかった〉형 ■138
공식 55	일반 동사가 있는 부정문 ②	〈かれは+일반동사 ~なかった〉형 ■140
공식 56	일반동사가 있는 부정문 ③	〈かのじょは+일반 동사~なかった〉형 ■142
공식 57	일반동사가 있는 부정문 ④	〈かれらは+일반동사 ~なかった〉형 ■144
공식 58	형용사의 부정문 ①	〈わたしは+~く なかった〉형 ■146
공식 59	명사 부정문 ②	〈わたしは+명사~では なかった〉형 ■148
공식 60	형용사 부정문 ③	〈わたしたちは+형용사~く なかった〉형 ■150
공식 61	형용사 부정문 ④	〈かのじょは+형용사 では なかった〉■152
공식 62	명사 부정문 ⑤	〈かれは+명사~では なかった〉형 ■154
공식 63	형용사 부정문 ⑥	〈かれの ~は+~では なかった〉형 ■156
공식 64	형용사 부정문 ⑦	〈かれらは+형용사 ~では なかった〉형 ■158
공식 65	형용사 부정문 ⑧	〈かれらは+형용사~では なかった〉형 ■160
공식 66	「나는 …을 하였다」를 말 할 때는	〈わたしは+동사 ~た〉형 ■162

분명히 이해하지 못했을 때 ■164

공식 67	「결코 ~하지 못하였다」를 말 할 때는	〈わたしは ~を けっして ~た ことが ない〉형 ■166
공식 68	「~하였습니까?」를 말 할 때는	〈あなたは+~しましたか〉형 ■169
공식 69	「예약·계획」을 의미하는	〈わたしは+~する よていだ〉형 ■172
공식 70	「예정·계획」을 의미하는	〈わたしたちは+~しようと して いる〉형 ■174
공식 71	단순한 미래의 뜻을 나타내는	〈~ しそうだ〉형 ■176
공식 72	미래의 뜻을 나타내는	〈3인칭 주어 + しそうだ〉형 ■178

제안·충고·초대하는 법 ■180

공식 73	「예정·계획」의 뜻을 나타내는	〈あなたは+~する つもりですか〉형 ■182
공식 74	의지 미래를 나타내는	〈わたしが+의지동사〉형 ■184
공식 75	단순 미래를 나타내는	〈わたしは+무의지 동사~だろう〉형 ■186
공식 76	단순 미래를 의미하는	〈わたしは+~だろう〉형 ■188
공식 77	단순 미래를 의미하는	〈きみは+무의지 동사~だろう〉형 ■190
공식 78	단순 미래를 의미하는	〈きみは+~する だろう〉형 ■192
공식 79	단순 미래를 의미하는	〈かれは+~する だろう〉형 ■194
공식 80	단순 미래를 의미하는	〈3인칭 + 무의지동사~だろう〉형 ■196
공식 81	의뢰할 때 사용하는	〈あなたは+의지동사 ~て くださいませんか〉형 ■198

부탁이나 의뢰하는 법 ■200

공식 82	단순 미래를 의미하는	〈あなたは+~でしょうか〉형 ■202
공식 83	단순 미래를 의미하는	〈かれが+무의지동사 ~でしょうか〉형 ■204
공식 84	단순 미래를 나타내는	〈かれが + ~でしょうか〉형 ■206

공식 85	「어느 …을 하였습니까?」는	〈あなたは どの+동사~ましたか〉형■208
공식 86	「어느 …을 ~하였습니까」는	〈あなたは どの+~しましたか〉형■210
공식 87	「~중의 어느 것(사람)을 ~합니까?」를 말할 때는	〈あなたは ~の うち+~ですか〉형■212
공식 88	「…은 어느 ~에 있습니까?」는	〈~は+どの ~に ありますか〉형■214
공식 89	「어느(어떤) …을 ~하였습니까」는	〈あなたは どんな+~ましたか〉형■216
공식 90	「몇…」을 말 할 때는	〈~は+なん+ですか〉형■218

きほん たいわ 기본 대화■220

| 공식 91 | 「가장 …한 ~은 무엇입니까?」는 | 〈かんこくで いちばん ~は なんですか〉형■222 |
| 공식 92 | 「무엇 때문에(어째서)」를 물을 때에는 | 〈あなたは なんの ために+~しましたか〉형■224 |

きほん たいわ 기본 대화■226

| 공식 93 | 「…을 어떻게 생각합니까?」를 말 할 때는 | 〈~を どう おもいますか〉형■228 |
| 공식 94 | 「…은(을) 어떻게 생각합니까?」를 말할 때는 | 〈~を どう おもいますか〉형■230 |

きほん たいわ 기본 대화■232

| 공식 95 | 「…과 …의 차이는 무엇입니까?」를 말할 때는 | 〈~と ~の ちがいは なんですか〉형■234 |
| 공식 96 | 「어떤 종류의 …」라고 물을 때는 | 〈あなたは どんな しゅるいの ~か〉형■236 |

きほん たいわ 기본 대화■238

공식 97 「때[시간]」을 물을 때는　〈あなたは　いつ+동사…?〉형 ■240

　　きほん　たいわ 기본 대화 ■242

공식 98 「때[시간]」을 물을 때는　〈주어 + いつ+동사 …?〉형 ■244

　　きほん　たいわ 기본 대화 ■246

공식 99 「어째서[왜]」를 물을 때는　〈あなたは　なぜ+동사 ~?〉형 ■248

　　きほん　たいわ 기본 대화 ■250

공식 100 「…하는 것은 어떻습니까」를 말할 때는　〈~を+동사　~のは　どうですか〉형 ■252

<동사+명령>형

「…をしろ[…て ください]」

1. でんわで かれに れんらくしろ。
   뎅 와데 카레니 렌라쿠 시로.

2. わたしを ゆるして くれ, ジョン。
   와타시오 유루시테 쿠레, 죤.

3. この はなの なまえを いって ごらん。
   코노 하나노 나마에오 잇테 고랑.

4. この しょくぶつに みずを やれ。
   코노 쇼쿠부츠니 미즈오 야레.

5. みずを いっぱい ください。
   미즈오 입파이 쿠다사이.

6. しょうしょう おまちください。
   쇼- 쇼- 오마치쿠다사이.

7. ゆっくり して ください。
   육쿠리 시테 쿠다사이.

8. しちょうまでの ちかてつに のって ください。
   시쵸- 마데노 치카테츠니 놋테 쿠다사이.

9. おつりは とって おいて ください。
   오츠리와 톳테 오이테 쿠다사이.

10. やすく して ください。
    야스쿠 시테 쿠다사이.

공식 1 〈동사+명령〉형

「…을 해라[해 주시오]를 말할 때 쓰는

1. 전화로 그에게 연락해라.

2. 나를 용서해주라, 존.

3. 이 꽃의 이름을 말해보라.

4. 이 식물에 물을 주어라.

5. 물 한 잔 주시오.

6. 잠깐 기다려 주시오.

7. 천천히 하시오.

8. 시청까지 지하철을 타시오.

9. 잔돈은 그만 두시오.

10. 가격을 낮추어 주시오.(싸게 해 주세요.)

1. でんわ : 전화
   れんらく : 연락
2. ゆるす : 용서하다
3. はな : 꽃
   なまえ : 이름
4. しょくぶつ : 식물
   みず : 물
5. いっぱい : 한잔
7. ゆっくり : 천천히
8. ちかてつ : 전철
   しちょう : 시청
9. おつり : 잔돈
10. やすい : 싸다

*あいさつ ことば
きほんかいわ

1. A: おはよう ございます。スミスさん。
   오하요- 고자이마스 스미스상.

   B: おはよう ございます。キムさん。
   오하요- 고자이마스 키무상

2. A: こんにちは。 ベーカさん。
   콘니치와 베-카상

   B: こんにちは。 イーさん。
   콘니치와 이- 상

3. A: こんばんは。 ジョンさん。
   콤방와 죤 상

   B: こんばんは。 チョルスさん。
   콤방와 쵸루스상

4. A: おげんきですか。 キムさん。
   오겡키 데스카 키무상

   B: とても げんきです。 ブラウンさんは？
   토테모 겡키 데스 브라운 상 와

   A: おかげさまで げんきです。
   오카게사마데 겡키 데스.

5. A: ヘンリーさん,また おあいできて とても うれしいです。
   헨리-상, 마타 오아이데키테 토테모 우레시-데스.

   B: ひさしぶりですね。
   히사시부리데스네.

6. A: さようなら。 ジョンスさん。
   사요-나라 죤 상

   B: さようなら。 イーさん。
   사요-나라 이-상

만나고 헤어질 때의 인사
기본 대화

1. A : 안녕하십니까? 스미스 씨.

   B : 안녕하십니까? 김선생.

2. A : 안녕하십니까? 베이커 씨.

   B : 안녕하십니까? 이선생.

3. A : 안녕하십니까? 존.

   B : 안녕하십니까? 철수 씨.

4. A : 안녕하십니까? 김선생.

   B : 아주 건강합니다, 브라운 씨는요?

   A : 덕분에 건강합니다.

5. A : 헨리 씨, 다시 만나뵈어 매우 기쁩니다.

   B : 오래간만이지요?

6. A : 안녕히 가십시오. 존스 씨.

   B : 안녕히 가십시오. 이선생.

1) 아침에 아는 사이에 서로 만날 때는
   おはようございます를, 오후에는
   こんにちは를, 저녁에는 こんばんは를 쓴다.
2) おげんきですか는 아는 사이에 안부를 묻는 말이고,
   おかげさまで げんきです는 그에 답하는 표현이다.
3) おひさしぶりですね는 오랜만에 만났을 때 사용하는 표현이다.
4) 헤어질 때는 さようなら라고 한다.

<사람+ 조사+ 사물>형

「～に ～をして くれ(～てください)」

1. わたしに ミルクを もって きて くれ。
   와타시니 미루쿠오 못 테 키테 쿠레.

2. わたしに かさを もって きて くれ。
   와타시니 카사오 못 테 키테 쿠레.

3. わたしに しんぶんを わたして くれ。
   와타시니 심 붕 오 와타시테 쿠레.

4. わたしに およぎかたを おしえて くれ。
   와타시니 오요기카타오 오시에테 쿠레.

5. わたしに サインを して くれ。
   와타시니 사잉 오 시테 쿠레.

6. ゆうごはんを わたしに つくって くれ。
   유-고항 오 와타시니 츠쿳 테 쿠레.

7. わたしの おねがいを ひとつ きいて くれ。
   와타시노 오네가이오 히토츠 키이테 쿠레.

8. わたしに それの つくりかたを おしえて くれ。
   와타시니 소레노 츠쿠리카타오 오시에테 쿠레.

9. わたしに コーヒーを いっぱい もって きて ください。
   와타시니 코-히-오 입파이 못 테 키테 쿠다사이.

10. わたしたちの いちばん すきな レコードを かけて ください。
    와타시타치노 이치방 스키나 레코-도오 카케테 쿠다사이

<사람+ 조사+ 사물>형
~에게 ~을 해 주라(해 주시오)를 말할 때 쓰는

1. 나에게 우유를 가져다주라.

2. 나에게 우산을 갖다주라.

3. 나에게 신문을 건네주라.

4. 나에게 수영하는 법을 가르쳐 주라.

5. 나에게 서명(사인)을 해 주라.

6. 저녁식사를 나에게 만들어 주라.

7. 나에게 부탁 하나 들어 주라.

8. 나에게 그것을 만드는 법을 가르쳐 주라.

9. 나에게 커피 한잔 갖다 주시오.

10. 우리들이 가장 좋아하는 레코드를 들어 주시오.

1) ミルク : 우유
2) かさ : 우산
   もって くる : 가져오다
3) しんぶん : 신문
   わたす : 건네다
4) およぎかた : 수영하는 법
   おしえる : 가르치다.
5) サイン : 사인
6) ゆうごはん : 저녁식사
   つくる : 만들다
7) おねがい : 부탁
   きいて くれる : 들어 주다
8) つくりかた : 만드는 법
9) コーヒー : 커피
10) いちばん : 가장
    すきだ : 좋아한다

<사람+조사+명령>형

「…しろ」를 말할 때 쓰는

1. ひとに ていねいに しろ。
   히토니   테이네이니   시로.

2. かれらに しんせつに しろ。
   카레라니   신세츠니   시로.

3. ナイフに きを つけろ。
   나이후니   키오   츠케로.

4. ことばを つつしめ。
   코토바오   츠츠시메.

5. せっきょくてきに なれ。
   섹쿄쿠테키니   나레.

6. りょうしんてきに なれ。
   료-신테키니   나레.

7. きゃっかんてきに はんだん しろ。
   캭칸테키니   한단   시로.

8. やくそくを よく まもれ。
   야쿠소쿠오   요쿠   마모레.

9. せんもんてきに なれ。
   셈몬테키니   나레.

10. それに こうていてきに なれ。
    소레니   코-테-테키니   나레.

<사람+조사+명령>형
「…해라(해 주시오)」를 말할 때 쓰는

1. 남에게 공손해라.

2. 그들에게 친절해라.

3. 칼을 조심해라.

4. 말을 조심해라.

5. 적극적이 되어라.

6. 양심적이 되어라.

7. 객관적으로 판단하라.

8. 약속을 잘 지켜라.

9. 전문적이 되어라.

10. 그것에 긍정적이 되어라.

---

1) ひと : 사람, 남
   ていねいだ : 공손하다
2) かれら : 그들
   しんせつだ : 친절하다
3) ナイフ : 칼
   きを つける : 조심하다
4) ことば : 말
   つつしむ : 삼가다, 조심하다
5) せっきょくてき : 적극적
6) りょうしんてき : 양심적
7) きゃっかんてき : 객관적
   はんだんする : 판단하다
8) やくそく : 약속
   よく : 잘
   まもる : 지키다
9) せんもんてき : 전문적
10) こうていてき : 긍적적

<대명사+조사+명령>형
「…を しろ」라고 말할 때 쓰는

1. それを きろ。
   소레오 키로.

2. それを けせ。
   소레오 케세.

3. それを つけろ。
   소레오 츠케로.

4. それらを なげて しまえ。
   소레라오 나게테 시마에.

5. かれの ことばを さいごまで きけ。
   카레노 코토바오 사이고마데 키케.

6. かれを おこせ。
   카레오 오코세.

7. あした かれに でんわ しろ。
   아시타 카레니 뎅와 시로.

8. かれらを くうこうで みおくり しろ。
   카레라오 쿠-코-데 미오쿠리 시로.

9. えきで かれらを くるまで でむかえろ。
   에키데 카레라오 쿠루마데 데무카에로.

10. それを きて ごらん。
    소레오 키테 고랑.

<대명사+조사+명령>형
「…을 해라(하시오)」라고 말할 때 쓰는

1. 그것을 입어라.

2. 그것을 꺼라.

3. 그것을 켜라.

4. 그것들을 던져 버려라.

5. 그의 말을 끝까지 들어라.

6. 그를 깨워라.

7. 내일 그에게 전화해라.

8. 그들을 공항에서 배웅하라.

9. 역에 그들을 차로 마중가라.

10. 그것을 입어 보아라.

1) きる : 입다
2) けす : 끄다
3) つける : 켜다
4) それら : 그것들
   なげて しまう : 던져 버리다.
5) かれ : 그(He)
   さいご : 마지막. 끝
   まで : 까지
6) おこす : 깨우다
7) あした : 내일
8) くうこう : 공항
   みおくり : 배웅
9) えき : 역
   くるま : 차
   でむかえる : 마중하다
10) ~て ごらん : ~해 보아라

공식 5 <명사+조사+청유>형

「…しよう」를 말할 때 쓰는

1. ろくじ さんじゅっぷんに ゆうごはんを たべよう。
   로쿠지 산줍 풍니 유-고항 오 타베요-.

2. せんせいに きいて みよう。
   센 세-니 키-테 미요-.

3. コーヒーを いっぱい のもう。
   코-히-오 입파이 노모-.

4. よやくせきの チケットを かおう。
   요야쿠세키노 치켓 토- 카오-.

5. らいしゅうに はんかがいへ いって みよう。
   라이슈-니 항 카가이에 잇 테 미요-.

6. かれの でんわばんごうを しらべて みよう。
   카레노 뎅 와 방고- 오 시라베테 미요-.

7. ラジオを きいて みよう。
   라지오- 키- 테 미요-.

8. ちゅうかりょうりを たべよう。
   츄- 카료- 리오 타베요-.

9. バスケットボールを しよう。
   바스켓 토보-루오 시요-.

10. その こたえを うつして おこう。
    소노 코타에오 우츠시테 오코-.

공식 5 <명사+조사+청유>형

「…하자」를 말할 때 쓰는

1. 6시 30분에 저녁 식사를 하자.

2. 선생님에게 물어보자.

3. 커피를 한 잔 먹자.

4. 예약석 티켓을 사자.

5. 다음주에 번화가에 가 보자.

6. 그의 전화번호를 찾아 보자.

7. 라디오를 들어 보자.

8. 중국음식을 먹자.

9. 농구를 하자.

10. 그 답을 베껴 놓자.

1) ろくじ : 6시
   さんじゅっぷん : 30분
   たべる : 먹다
2) せんせい : 선생님
   ~て みる : ~해 보다
3) のむ : 마시다
4) よやくせき : 예약석
   チケット : 티켓
   かう : 사다
5) らいしゅう : 다음주
   はんかがい : 번화가
6) でんわばんごう : 전화번호
   しらべる : 찾다
7) ラジオ : 라디오
   きく : 듣다
8) ちゅうかりょうり : 중국음식
9) バスケットボール : 농구
10) こたえ : 답
    うつす : 베끼다
    ~て おく : 해 두다

<명사+조사+금지>형
「…を するな」라고 말할 때 쓰는

1. それを しんぱい するな。
   소레오 심파이 스루나.

2. かれを にらむな。
   카레오 니라무나.

3. かれと そうだん するな。
   카레토 소-단 스루나.

4. かれと つきあうな。
   카레토 츠키아우나.

5. かれに どうじょう するな。
   카레니 도-죠- 스루나.

6. あなたの むすこさんを じまん するな。
   아나타노 무스코상오 지만 스루나.

7. かれを いじめるな。
   카레오 이지메루나.

8. わたしの ことに くちを だすな。
   와타시노 코토니 쿠치오 다스나.

9. かれと いけんを おなじく するな。
   카레토 이켕오 오나지쿠 스루나.

10. りょこうの けいひは しんぱい するな。
    료코-노 케-히와 심파이 스루나.

<명사+조사+금지>형
「…을(와) 하지마라」라고 말할 때 쓰는

1. 그것을 걱정하지 마라.
2. 그를 노려보지 마라.
3. 그와 의논하지 마라.
4. 그와 사귀지 마라.
5. 그에게 동정하지 마라.
6. 당신의 아들을 자랑하지 마라.
7. 그를 괴롭히지 마라.
8. 나의 일에 참견 마라.
9. 그와 의견을 같이하지 마라.
10. 여행 경비는 걱정마라.

1) しんぱい : 걱정
2) にらむ : 노려보다
3) そうだん : 의논
4) つきあう : 사귀다
5) どうじょう : 동정
6) むすこさん : (상대방의) 아들
   じまん : 자랑
7) いじめる : 괴롭히다
8) こと : 일
   くちを だす : 참견하다
9) いけん : 의견
   おなじく する : 같이 하다
10) りょこう : 여행
    けいひ : 경비

의문문

〈あなた + 형용상태〉형

1. あなたは きょう ひまですか。
   아나타와 쿄- 히마데스카.

2. あなたは おなかが すきますか。
   아나타와 오나카가 스키마스카.

3. あなたは のどが かわきますか。
   아나타와 노도가 카와키마스카.

4. あなたは いま いそがしいですか。
   아나타와 이마 이소가시- 데스카.

5. あなたは はらが たちますか。
   아나타와 하라가 타치마스카.

6. あなたは れいぎただしいですか。
   아나타와 레-기타다시- 데스카.

7. あなたは かんじょうてきですか。
   아나타와 칸 쵸- 테키데스카.

8. あなたは ひていてきですか。
   아나타와 히테- 테키데스카.

9. あなたは げんきですか。
   아나타와 겡 키데스카.

10. あなたは やしんが ありますか。
    아나타와 야싱 가 아리마스카.

의문문

〈당신은+ 형용상태〉형

1. 당신은 오늘 한가합니까?
2. 당신은 배가 고픕니까?
3. 당신은 목이 마릅니까?
4. 당신은 지금 바쁩니까?
5. 당신은 화가 납니까?
6. 당신은 예의가 바릅니까?
7. 당신은 감정적입니까?
8. 당신은 부정적입니까?
9. 당신은 건강합니까?
10. 당신은 야심이 있습니까?

1) きょう : 오늘
   ひまだ : 한가하다
2) おなかが すく : 배가 고프다
3) のどが かわく : 목이 마르다
4) いま : 지금
   いそがしい : 바쁘다
5) はらが たつ : 화가 나다
6) れいぎただしい : 예의가 바르다
7) かんじょうてき : 감정적
8) ひていてき : 부정적
9) げんきだ : 건강하다
10) やしん : 야심
    ある : 있다

의문문

〈かれは + あなたに + 형용〉형

1. かれは あなたに しんせつですか。
   카레와   아나타니   신세츠데스카.

2. かれは あなたに れいたんですか。
   카레와   아나타니   레-탄 데스카.

3. かれは あなたに ぶれいですか。
   카레와   아나타니   부레-데스카.

4. かれは あなたに ごうまんですか。
   카레와   아나타니   고-만 데스카.

5. かれは あなたに いばりますか。
   카레와   아나타니   이바리마스카.

6. かれは あなたに きを くばって くれますか。
   카레와 아나타니 키오 쿠밧테 쿠레마스카.

7. かれは あなたに きょうちょうてきですか。
   카레와   아나타니   쿄-쵸- 테키데스카.

8. かのじょは それが すきですか。
   카노죠 와   소레가 스키데스카.

9. かのじょは やくそくを よく まもりますか。
   카노죠 와 야쿠소쿠오 요쿠 마모리마스카.

10. かのじょは それに まんぞくしますか。
    카노죠 와   소레니   만조쿠 시마스카.

의문문

〈그는 + 당신에게 + 형용〉형

1. 그는 당신에게 친절합니까?

2. 그는 당신에게 냉담합니까?

3. 그는 당신에게 무례합니까?

4. 그는 당신에게 거만합니까?

5. 그는 당신에게 으스댑니까?

6. 그는 당신에게 마음을 써 숩니까?

7. 그는 당신에게 협조적입니까?

8. 그녀는 그것을 좋아합니까?

9. 그녀는 약속을 잘 지킵니까?

10. 그녀는 그것에 만족합니까?

1) かれ : 그
   あなた : 당신
   しんせつだ : 친절하다
2) れいたんだ : 냉담하다
3) ぶれいだ : 무례하다
4) ごうまんだ : 거만하다
5) いばる : 으스대다
6) きを くばる : 마음을 쓰다
7) きょうちょうてき : 협조적
8) かのじょ : 그녀
   それ : 그것
   すきだ : 좋아한다
9) やくそく : 약속
   よく まもる : 잘 지키다
10) まんぞくする : 만족하다

29

의문문

〈かれらは + ～てきですか〉형

1. かれらは あなたに しんせつですか。
   카레라와 아나타니 신 세츠데스카.

2. かれらは あなたに れいぎが ありますか。
   카레라와 아나타니 레-기가 아리마스카.

3. かれらは ふんべつりょくが ありますか。
   카레라와 훔 베츠료 쿠가 아리마스카.

4. かれらは かつどうてきですか。
   카레라와 카츠도-테키데스카.

5. かれらは きんべんですか。
   카레라와 킴 벤 데스카.

6. かれらは せつやくてきですか。
   카레라와 세츠야쿠테키데스카.

7. かれらは そうぞうりょくが ゆたかですか。
   카레라와 소- 조-료 쿠가 유타카데스카.

8. かれらは ちてきですか。
   카레라와 치테키데스카.

9. かれらは ごうりてきですか。
   카레라와 고- 리테키데스카.

10. かれらは しんらいする ことが できますか。
    카레라와 신라 이스루 코토가 데키마스카.

의문문

〈그들은 + ~적입니까〉형

1. 그들은 당신에게 친절합니까?
2. 그들은 당신에게 예의가 있습니까?
3. 그들은 분별력이 있습니까?
4. 그들은 활동적입니까?
5. 그들은 근면합니까?
6. 그들은 절약적입니까?
7. 그들은 상상력이 풍부합니까?
8. 그들은 지적입니까?
9. 그들은 합리적입니까?
10. 그들은 신뢰할 수 있습니까?

1) かれら : 그들
2) れいぎ : 예의
3) ふんべつりょく : 분별력
4) かつどうてき : 활동적
5) きんべんだ : 근면하다
6) せつやくてき : 절약적
7) そうぞうりょく : 상상력
   ゆたかだ : 풍부하다
8) ちてき : 지적
9) ごうりてき : 합리적
10) しんらいする : 신뢰하다
    することが できる : 할 수 있다

일반동사가 있는 의문문

〈あなたは + 일반동사 + か〉형

1. あなたは ろくじに おきますか。
   아나타와   로쿠지니   오키마스카.

2. あなたは わたしの はなしが わかりますか。
   아나타와   와타시노   하나시가   와카리마스카.

3. あなたは まんがの ほんを よみますか。
   아나타와   망가노 홍오   요미마스카.

4. あなたは この ナイフが かりたいですか。
   아나타와   코노   나이후가 카리타이데스카.

5. あなたは この シャツを せんたくしたいですか。
   아나타와   코노   샤츠오   센타쿠 시타이데스카.

6. あなたは この とけいを なおしたいですか。
   아나타와   코노   토케-오   나오시타이데스카.

7. あなたは ゆうびんきょくが どこか しって いますか。
   아나타와   유-빙쿄쿠가   도코카   싯테 이마스카.

8. かれは えいごの てがみを かきますか。
   카레와   에-고노   테가미오   카키마스카.

9. かのじょは ピアノを よく ひきますか。
   카노죠와   피아노오   요쿠   히키마스카.

10. わたしが でんちくに レコードを かけても いいですか。
    와타시가   덴치쿠니   레코-도오   카케테모   이-데스카.

공식 10 — 일반동사가 있는 의문문
〈당신은 + 일반동사+의문〉형

1. 당신은 6시에 일어납니까?

2. 당신은 내 말을 알아듣습니까?

3. 당신은 만화책을 읽습니까?

4. 당신은 이 칼을 빌리고 싶습니까?

5. 당신은 이 셔츠를 세탁하고 싶습니까?

6. 당신은 이 시계를 수리하고 싶습니까?

7. 당신은 우체국이 어디 있는지 압니까?

8. 그는 영어 편지를 씁니까?

9. 그녀는 피아노를 잘 연주합니까?

10. 내가 전축에 레코드를 틀어도 괜찮겠습니까?

1) ろくじ : 6시
   おきる : 일어나다
2) はなし : 말, 이야기
   わかる : 알다, 이해하다
3) まんがの ほん : 만화책
4) かりたい : 빌리고 싶다
5) せんたくする : 세탁하다
6) とけい : 시계
   なおす : 고치다
7) ゆうびんきょく : 우체국
8) てがみを かく : 편지를 쓰다
9) ピアノを ひく : 피아노를 연주하다
10) でんちく : 전축
    レコードを かける : 레코드를 틀다

공식 11

<항상 …합니까>를 말할 때는

<あなたは いつも + しますか>형

1. あなたは いつも よる しごとを しますか。
   아나타와 이츠모 요루 시고토오 시마스카.

2. あなたは いつも がっこうに おそく つきますか。
   아나타와 이츠모 각 코-니 오소쿠 츠키마스카.

3. あなたは いつも おそくまで ねないで おきて いますか。
   아나타와 이츠모 오소쿠마데 네나이데 오키테 이마스카.

4. あなたは いつも よる おちゃを のみますか。
   아나타와 이츠모 요루 오챠 오 노미마스카.

5. あなたは いつも にちようびに けいばじょうへ いきますか。
   아나타와 이츠모 니치요- 비니 케-바죠- 에 이키마스카.

6. あなたは いつも ロッテデパトで かいものを しますか。
   아나타와 이츠모 롯테 데파-토데 카이모노오 시마스카.

7. あなたは いつも よる テレビを みますか。
   아나타와 이츠모 요루 테레비오 미마스카.

8. あなたは いつも しゅうまつに うみべへ いきますか。
   아나타와 이츠모 슈-마츠니 우미베에 이키마스카.

9. あなたは いつも クラスメトの しゅくだいを てつだって あげるか。
   아나타와 이츠모 크라스메-토노 슈쿠다이오 테츠닷테 아게루카.

10. あなたは いつも かんこくりょうりを たべますか。
    아나타와 이츠모 캉 코쿠 료-리오 타베마스카.

<항상 …합니까>를 말할 때는
< 당신은 항상+ 의문 >형

1. 당신은 항상 밤에 일을 합니까?

2. 당신은 항상 학교에 늦게 도착합니까?

3. 당신은 항상 늦게까지 자지않고 일어나 있습니까?

4. 당신은 항상 밤에 차를 마십니까?

5. 당신은 항상 일요일에 경마장에 갑니까?

6. 당신은 항상 롯데백화점에서 시장을 봅니까?

7. 당신은 항상 저녁에 TV를 시청합니까?

8. 당신은 항상 주말에 해변으로 갑니까?

9. 당신은 항상 급우들의 숙제를 도와 주느냐?

10. 당신은 항상 한국 음식을 먹습니까?

1) いつも : 언제나 よる : 밤 しごと : 일	5) にちようび : 일요일 けいばじょう : 경마장
2) がっこう : 학교 おそい : 늦다	6) かいもの : 쇼핑, 장보기
	7) テレビ : TV
3) ねないで : 자지않고 おきる : 일어나다	8) しゅうまつ : 주말 うみべ : 해변
4) おちゃ : 차 のむ : 마시다	9) しゅくだい : 숙제 てつだう : 도와주다
	10) かんこくりょうり : 한국음식

정도를 표시하는 방법
きほんかいわ

1. A: りんごが おすきですか。
   링고가 오스키데스카.

   B: はい, とても すきです。
   하이, 토테모 스키데스.

2. A: あなたは つかれましたか。
   아나타와 츠카레마시타카.

   B: いいえ, すこしも つかれて いません。
   이-에, 스코시모 츠카레테 이마셍.

3. A: クラスの なかで いちばん ゆうしゅうな がくせいは だれですか。
   크라스노 나카데 이치방 유-슈- 나 각세-와 다레데스카.

   B: そうですね。ゆうしゅうな がくせいは おおぜい いますが,
   소-데스네. 유-슈-나 각세-와 오-제- 이마스가,

   ジョンが いちばん ゆうしゅうだと おもいます。
   죤 가 이치방 유-슈- 다토 오모이마스.

4. A: あなたは わたしの はなしが わかりますか。
   아나타와 와타시노 하나시가 와카리마스카.

   B: わかりません。もう すこし ゆっくり はなして くださいませんか。
   와카리마셍. 모- 스코시 육쿠리 하나시테 쿠다사이마셍 카.

5. A: そんなに はやく あるかないで ください。まだ じかんは じゅうぶんです。
   손나니 하야쿠 아루카나이데 쿠다사이.
   마다 지캉와 쥬- 분 데스.

   B: ほんとうですか。もう わたしの とけいでは よじ さんじゅっぷんです。
   혼토-데스카. 모- 와타시노 토케-데
   와 요지 산 쥽 푼 데스.

정도를 표시하는 방법
기본 대화

1. A : 사과를 좋아하십니까?

   B : 예, 매우 좋아합니다.

2. A : 당신은 피곤하십니까?

   B : 아니오, 조금도 피곤하지 않습니다.

3. A : 학급에서 가장 뛰어난 학생은 누구입니까?

   B : 글쎄요. 우수한 학생은 많이 있으나,

   존이 가장 우수하다고 생각합니다.

4. A : 당신은 내 말을 알아 듣습니까?

   B : 알아듣지 못합니다. 조금 더 천천히 말씀해 주시겠습니까?

5. A : 그렇게 빨리 걷지 마십시오. 아직 시간은 충분합니다.

   B : 정말로요? 벌써 내 시계로는 4시 30분입니다.

1) りんご : 사과
   すきだ : 좋아한다
   とても : 매우
2) つかれる : 피곤하다.
   すこしも : 조금도
3) いちばん : 제일
   ゆうしゅうだ : 우수하다
4) はなし : 말, 이야기
   わかる : 알다
   ゆっくり : 천천히
5) はやい : 빠르다
   じゅうぶん : 충분
   ほんとう : 정말
   もう : 벌써

의문사가 나오는 의문문①

<あなたは+〜に なにを しますか>형

1. あなたは にちようびに たいてい なにを しますか。
   아나타와 니치요-비니 타이테- 나니오 시마스카.

2. あなたは あさ いつも なにを しますか。
   아나타와 아사 이츠모 나니오 시마스카.

3. あなたは なにが ならいたいですか。
   아나타와 나니가 나라이타이데스카.

4. あなたは かれに なにを おしえますか。
   아나타와 카레니 나니오 오시에마스카.

5. あなたは てに なにを もって いますか。
   아나타와 테니 나니오 못테 이마스카.

6. あなたは この ほんを どう おもいますか。
   아나타와 코노 홍오 도- 오모이마스카.

7. あなたは この しょくぶつを なんと よびますか。
   아나타와 코노 쇼쿠부츠오 난토 요비마스카.

8. あなたは これが なんだと おもいますか。
   아나타와 코레가 난 다토 오모이마스카.

9. あなたは しょうらい なにに なりたいですか。
   아나타와 쇼-라이 나니니 나리타이데스카.

10. それは ねだんが いくらですか。
    소레와 네당가 이쿠라데스카.

공식 12 · 의문사가 나오는 의문문 ①
<당신은 + ~에 무엇을 합니까>형

1. 당신은 일요일에 으레 무엇을 합니까?
2. 당신은 아침에 항상 무엇을 합니까?
3. 당신은 무엇을 배우고 싶습니까?
4. 당신은 그에게 무엇을 가르칩니까?
5. 당신은 손에 무엇을 가지고 있습니까?
6. 당신은 이 책을 어떻게 생각합니까?
7. 당신은 이 식물을 무엇이라 부릅니까?
8. 당신은 이것이 무엇이라고 생각합니까?
9. 당신은 장래에 무엇이 되고 싶습니까?
10. 그것은 가격이 얼마입니까?

1) にちようび : 일요일
   たいてい : 으레
2) あさ : 아침
3) なに : 무엇
   ならう : 배우다
4) おしえる : 가르치다
5) て : 손
   もつ : 갖다
6) どう : 어떻게
   おもう : 생각하다
7) しょくぶつ : 식물
   よぶ : 부르다
8) ~と : ~라고
9) しょうらい : 장래
10) ねだん : 가격
    いくら : 얼마

공식 13 의문사가 나오는 의문문 ②

<あなたは + どこに + すんでいますか>형

1. あなたは どこの しゅっしんですか。
   아나타와 도코노 슛 신 데스카.

2. あなたは どこに すんで いますか。
   아나타와 도코니 슨 데 이마스카.

3. あなたは どこで あいたいですか。
   아나타와 도코데 아이타이데스카.

4. あなたは どこで じかんを すごしますか。
   아나타와 도코데 지캉 오 스고시마스카.

5. あなたは どこで かのじょに あいますか。
   아나타와 도코데 카노죠 니 아이마스카.

6. あなたは どこで ひるごはんを たべますか。
   아나타와 도코데 히루고항 오 타베마스카.

7. あなたは どこで きしゃを のりかえますか。
   아나타와 도코데 키샤 오 노리카에마스카.

8. あなたは どこへ すいえいに いきますか。
   아나타와 도코에 스이에ー 니 이키마스카.

9. あなたは どこで バスを おりますか。
   아나타와 도코데 바스오 오리마스카.

10. あなたは その きっぷを どこで かいますか。
    아나타와 소노 킵 푸오 도코데 카이마스카.

공식 13 의문사가 나오는 의문문 ②
<당신은 + 어디에 + 살고 있습니까>형

1. 당신은 어디 출신입니까?

2. 당신은 어디에 삽니까?

3. 당신은 어디에서 만나고 싶습니까?

4. 당신은 어디에서 시간을 보냅니까?

5. 당신은 어디에서 그녀를 만납니까?

6. 당신은 어디에서 점심을 먹습니까?

7. 당신은 어디에서 기차를 갈아탑니까?

8. 당신은 어디로 수영하러 갑니까?

9. 당신은 어디에서 버스를 내립니까?

10. 당신은 그 표를 어디에서 삽니까?

1) どこ : 어디
   しゅっしん : 출신
2) すむ : 살다
3) あいたい : 만나고 싶다
4) じかん : 시간
   すごす : 보내다
5) かのじょ : 그녀
6) ひるごはん : 점심
7) きしゃ : 기차
   のりかえる : 갈아타다
8) すいえい : 수영
9) バス : 버스
   おりる : 내리다
10) きっぷ : 표

의문사가 나오는 의문문 ③

<あなたは+なぜ+しますか>형

1. あなたは なぜ この ほんが かいたいですか。
   아나타와 나제 코노 홍가 카이타이데스카.

2. あなたは なぜ そこへ いきますか。
   아나타와 나제 소코에 이키마스카.

3. あなたは なぜ かれに てがみを かきますか。
   아나타와 나제 카레니 테가미오 카키마스카.

4. あなたは なぜ かれを むししますか。
   아나타와 나제 카레오 무시시마스카.

5. あなたは なぜ えいかいわを ならおうと しますか。
   아나타와 나제 에-카이와오 나라오-토 시마스카.

6. あなたは なぜ かれを しょうたいしますか。
   아나타와 나제 카레오 쇼-타이시마스카.

7. あなたは なぜ かれを ひなんしますか。
   아나타와 나제 카레오 히난시마스카.

8. あなたは なぜ かのじょが せいこうできなかったと おもいますか。
   아나타와 나제 카노죠가 세-코-데키나캇 타토 오모이마스카.

9. かれは なぜ きょう ここへ きますか。
   카레와 나제 쿄- 코코에 키마스카.

10. かれは なぜ しょくばを やめますか。
    카레와 나제 쇼쿠바오 야메마스카.

의문사가 나오는 의문문 ③

<당신은 + 왜 + 합니까>형

1. 당신은 왜 이 책을 사고 싶습니까?

2. 당신은 왜 거기에 갑니까?

3. 당신은 왜 그에게 편지를 씁니까?

4. 당신은 왜 그를 무시합니까?

5. 당신은 왜 영어회화를 배우고자 합니까?

6. 당신은 왜 그를 초대합니까?

7. 당신은 왜 그를 비난합니까?

8. 당신은 왜 그녀가 성공하지 못했다고 생각합니까?

9. 그는 왜 오늘 여기에 옵니까?

10. 그는 왜 직장을 그만둡니까?

1) なぜ : 왜
   かいたい : 사고싶다
2) そこ : 거기
3) てがみ : 편지
   かく : 쓰다
4) むしする : 무시하다
5) えいかいわ : 영어회화
   ならう : 배우다
6) しょうたい : 초대
7) ひなんする : 비난하다
8) かのじょ : 그녀
   せいこう : 성공
   できる : 할 수있다
9) ここ : 여기
10) しょくば : 직장
    やめる : 그만두다

공식 15 의문사가 나오는 의문문 ④

<あなたは＋いつ＋つきますか>형

1. あなたは いつ かれに てがみを かきますか。
   아나타와 이츠 카레니 테가미오 카키마스카.

2. あなたは まいにち いつ おきますか。
   아나타와 마이니치 이츠 오키마스카.

3. あなたは いつ あさごはんを たべますか。
   아나타와 이츠 아사고항 오 타베마스카.

4. あなたは いつ ねますか。
   아나타와 이츠 네마스카.

5. あなたは いつ アメリカから かえりますか。
   아나타와 이츠 아메리카카라 카에리마스카.

6. あなたは いつ レポートを だしますか。
   아나타와 이츠 레포-토오 다시마스카.

7. あなたは いつ ビザを もうしこみますか。
   아나타와 이츠 비자오 모-시코미마스카.

8. かのじょは いつ ここへ つきますか。
   카노죠와 이츠 코코에 츠키마스카.

9. じゅぎょうは いつ はじまりますか。
   쥬교-와 이츠 하지마리마스카.

10. きしゃは いつ つきますか。
    키샤와 이츠 츠키마스카.

공식 15 의문사가 나오는 의문문 ④
<당신은 + 언제 + 도착합니까>형

1. 당신은 언제 그에게 편지를 씁니까?
2. 당신은 매일 언제 일어납니까?
3. 당신은 언제 아침을 먹습니까?
4. 당신은 언제 잠을 잡니까?
5. 당신은 언제 미국에서 돌아옵니까?
6. 당신은 언제 리포트를 제출합니까?
7. 당신은 언제 비자를 신청합니까?
8. 그녀는 언제 여기에 도착합니까?
9. 수업은 언제 시작합니까?
10. 기차는 언제 도착합니까?

1) いつ : 언제
2) まいにち : 매일
   おきる : 일어나다
3) あさごはん : 아침밥
4) ねる : 자다
5) アメリカ : 미국
   かえる : 돌아오다
6) レポート : 리포트
   だす : 제출하다
7) ビザ : 비자
   もうしこむ : 신청하다
8) つく : 도착하다
9) じゅぎょう : 수업
10) きしゃ : 기차

의문사가 나오는 의문문 ⑤

<あなたは + どう わたりますか>형

1. あなたは それが きに いりますか。
   아나타와 소레가 키니 이리마스카.

2. あなたは きょう きぶんが どうですか。
   아나타와 쿄- 키붕가 도-데스카.

3. あなたが かんこくに すむのが どうですか。
   아나타가 캉 코쿠니 스무노가 도-데스카.

4. あなたは そこへ どうやって わたりますか。
   아나타와 소코에 도-얏 테 와타리마스카.

5. あなたは この バナナを どんな たんいで うりますか。
   아나타와 소노 바나나오 돈나 탕이데 우리마스카.

6. あなたは あたらしい うわやくが きに いりますか。
   아나타와 아타라시- 우와야쿠가 키니 이리마스카.

7. あなたは これを えいごで なんと いいますか。
   아나타와 코레오 에-고데 난 토 이-마스카.

8. この スープの あじは どうですか。
   코노 스-푸노 아지와 도-데스카.

9. かのじょは まいにち そこへ どうやって いきますか。
   카노죠와 마이니치 소코에 도- 얏 테 이키마스카.

10. かんこくは どうですか。(=かんこくが きに いりますか。)
    캉 코쿠와 도-데스카. (= 캉 코쿠가 키니 이리마스카.)

의문사가 나오는 의문문 ⑤
<당신은 + 어떻게 건너갑니까>형

1. 당신은 그것이 마음에 듭니까?
2. 당신은 오늘 기분이 어떻습니까?
3. 당신이 한국에 사는 것이 어떻습니까?
4. 당신은 거기에 어떻게 건너갑니까?
5. 당신은 이 바나나를 어떤 단위로 팝니까?
6. 당신은 새로운 상관이 마음에 듭니까?
7. 당신은 이것을 영어로 어떻게 말합니까?
8. 이 수프의 맛이 어떻습니까?
9. 그녀는 매일 거기에 어떻게 갑니까?
10. 한국은 어떻습니까?(=한국이 마음에 듭니까?)

1) きに いる : 마음에 들다
2) きぶん : 기분
3) かんこく : 한국
   すむ : 살다
4) どうやって : 어떻게 해서
   わたる : 건너다
5) どんな : 어떤
   たんい : 단위
   うる : 팔다
6) あたらしい : 새롭다
   うわやく : 상관, 상사
7) ~と いう : ~라고 한다
8) あじ : 맛
   どうだ : 어떠하다
9) そこ : 거기

공식 17

<あなたは + ひまでしたか>형

1. あなたは きのう ひまでしたか。
   아나타와 키노- 히마데시타카.

2. あなたは おととい しごとで いそがしかったですか。
   아나타와 오토토이 시고토데 이소가시캇 타데스카.

3. あなたは その とうじ えいごが じょうずでしたか。
   아나타와 소노 토-지 에-고가 죠- 즈데시타카.

4. あなたは その とうじ かれらに しんせつでしたか。
   아나타와 소노 토-지 카레라니 신 세츠데시타카.

5. あなたは その とうじ かれの まじめさを うたがいましたか。
   아나타와 소노 토-지 카레노 마지메사오 우타가이마시타카.

6. あなたは その とうじ かれらに いい となりでしたか。
   아나타와 소노 토-지 카레라니 이- 토나리데시타카.

7. あなたは その とうじ してんちょうでしたか。
   아나타와 소노 토-지 시텐 쵸- 데시타카.

8. あなたは その とき はんばいいんでしたか。
   아나타와 소노 토키 함바이 인 데시타카.

9. あなたは その とき かいけいしでしたか。
   아나타와 소노 토키 카이케-시데시타카.

10. あなたは その とき じょきょうじゅでしたか。
    아나타와 소노 토키 죠쿄- 쥬데시타카.

의문문 ①

<당신은 + 한가하였습니까>형

1. 당신은 어제 한가하였습니까?

2. 당신은 그제 일로 분주하였습니까?

3. 당신은 그 당시 영어를 잘 하였습니까?

4. 당신은 그 당시 그들에게 친절하였습니까?

5. 당신은 그 당시 그의 성실성을 의심하였습니까?

6. 당신은 그 당시 그들에게 좋은 이웃이었습니까?

7. 당신은 그 당시 지점장이었습니까?

8. 당신은 그 때 판매원이었습니까?

9. 당신은 그 때 회계사였습니까?

10. 당신은 그 때 조교수였습니까?

1) きのう : 어제
   ひまだ : 한가하다
2) おととい : 그제
   しごと : 일
   いそがしい : 바쁘다
3) とうじ : 당시
   じょうずだ : 잘 한다
4) しんせつだ : 친절하다
5) まじめさ : 성실성
   うたがう : 의심하다
6) いい : 좋다
   となり : 이웃
7) してんちょう : 지점장
8) はんばいいん : 판매원
9) かいけいし : 회계사
10) じょきょうじゅ : 조교수

의문문 ②

〈あなたは+きょねん+〜でしたか〉형

1. あなたは その とうじ べんごしでしたか。
   아나타와 소노 토-지 벵 고시데시타카.

2. あなたは その とうじ こうむいんでしたか。
   아나타와 소노 토-지 코-무 인 데시타카.

3. あなたは その とうじ ぎんこういんでしたか。
   아나타와 소노 토-지 깅 코- 인 데시타카.

4. あなたは その とうじ がいこうかんでしたか。
   아나타와 소노 토-지 가이코- 칸 데시타카.

5. あなたは きょねんは べんごしでしたか。
   아나타와 쿄 넹 와 벵 고시데시타카.

6. あなたは きょねんは しんぶんきしゃでしたか。
   아나타와 쿄 넹 와 심 붕 키샤 데시타카

7. あなたは きょねんは きょうじゅでしたか。
   아나타와 쿄 넹 와 쿄- 쥬 데시타카.

8. あなたは じゅうねんまえには げかいしでしたか。
   아나타와 쥬- 넴 마에니와 게카이시데시타카.

9. あなたは ろくねんまえには やくざいしでしたか。
   아나타와 로쿠 넴 마에니와 야쿠자이시데시타카.

10. あなたは よねんまえには じゅうやくでしたか。
    아나타와 요넴 마에니와 쥬- 야 쿠데시타카.

의문문 ②

<당신은 + 작년 + ~였습니까>형

1. 당신은 그 당시 변호사였습니까?

2. 당신은 그 당시 공무원이었습니까?

3. 당신은 그 당시 은행원이었습니까?

4. 당신은 그 당시 외교관이었습니까?

5. 당신우 작년에는 변호사였습니까?

6. 당신은 작년에는 신문기자였습니까?

7. 당신은 작년에는 교수였습니까?

8. 당신은 10년전에는 외과의사였습니까?

9. 당신은 6년전에는 약사였습니까?

10. 당신은 4년전에는 중역이었습니까?

1) とうじ : 당시
   べんごし : 변호사
2) こうむいん : 공무원
3) ぎんこういん : 은행원
4) がいこうかん : 외교관
5) きょねん : 작년
6) しんぶんきしゃ : 신문기자
7) きょうじゅ : 교수
8) じゅうねんまえ : 10년전
   げかいし : 외과의사
9) ろくねんまえ : 6년전
   やくざいし : 약사
10) よねんまえ : 4년전
    じゅうやく : 중역

51

きほん たいわ

1. A: いまは なんじですか。
   이마와 난지데스카.

   B: じゅうじ はんです。
   쥬-지 한 데스.

2. A: いま なんじですか。
   이마 난지데스카.

   B: しちじ はんです。
   시치지 한 데스.

3. A: あなたは なんじに えきへ いきますか。
   아나타와 난지 니 에키에 이키마스카.

   B: ろくじ にじゅっぷんに えきへ いきます。
   로쿠지 니쥽 푼니 에키에 이키마스.

4. A: いつ かえって きますか。
   이츠 카엣테 키마스카.

   B: じゅうじ はんに かえって きます。
   쥬- 지 한니 카엣테 키마스.

5. A: なんじに ばんぐみが はじまりますか。
   난 지니 방 구미가 하지마리마스카.

   B: はちじ よんじゅうごふんに はじまります。
   하치지 욘 쥬- 고훈 니 하지마리마스.

기본 대화

1. A : 지금은 몇 시입니까?

   B : 열시 반입니다.

2. A : 지금 몇 시입니까?

   B : 7시 반입니다.

3. A : 당신은 몇 시에 역에 가겠습니까?

   B : 6시 20분에 역에 가겠습니다.

4. A : 언제 돌아 오겠습니까?

   B : 10시 반까지 돌아오겠습니다.

5. A : 몇 시에 프로가 시작됩니까?

   B : 8시 45분에 시작합니다.

1) なんじ : 몇시
   じゅうじ はん : 10시 반
2) しちじ はん : 7시 반
3) えき : 역
   ろくじ : 6시
   にじゅっぷん : 20분
4) ~て くる : 해 오다
5) ばんぐみ : 프로
   はじまる : 시작되다
   はちじ : 8시
   よんじゅうごふん : 45분

의문문 ③

<かれは + びょうきでしたか>형

1. かれは ゆうべ びょうきでしたか。
   카레와 유-베 뵤- 키데시타카.

2. かれは ゆうべ おこりましたか。
   카레와 유-베 오코리마시타카.

3. かれは ゆうべ ねつが ありましたか。
   카레와 유-베 네츠가 아리마시타카.

4. かのじょは あなたに つめたかったですか。
   카노죠와 아나타니 츠메타캇 타데스카.

5. かれは やくそくを まもるのに せいじつでしたか。
   카레와 야쿠소쿠오 마모루노니 세-지츠데시타카.

6. かれは あなたに れいぎただしかったですか。
   카레와 아나타니 레-기 타다시캇 타데스카.

7. かれは あなたに きを くばって くれましたか。
   카레와 아나타니 키오 쿠밧 테 쿠레마시타카.

8. かれは あなたに きょうちょうてきでしたか。
   카레와 아나타니 쿄- 쵸- 테키데시타카.

9. かれは それに じょうねつてきでしたか。
   카레와 소레니 죠- 네츠테키데시타카.

10. かれは それに せっきょくてきでしたか。
    카레와 소레니 섹 쿄 쿠테키데시타카.

의문문 ③

<그는 + 아팠습니까?>형

1. 그는 엊저녁에 아팠습니까?

2. 그는 엊저녁에 화냈습니까?

3. 그는 엊저녁에 열이 있었습니까?

4. 그녀는 당신에게 냉정했습니까?

5. 그는 약속을 지키는데 성실하였습니까?

6. 그는 당신에게 예의가 바랐습니까?

7. 그는 당신에게 마음을 써 주었습니까?

8. 그는 당신에게 협조적이었습니까?

9. 그는 그것에 정열적이었습니까?

10. 그는 그것에 적극적이었습니까?

---

1) ゆうべ : 엊저녁
   びょうきだ : 아프다
2) おこる : 화나다
3) ねつ : 열
   ある : 있다
4) つめたい : 쌀쌀하다. 냉정하다
5) やくそく : 약속
   まもる : 지키다
   せいじつだ : 성실하다
6) れいぎただしい : 예의가 바르다
7) きを くばる : 마음을 쓰다
   ～て くれる : ～해 주다
8) きょうちょうてき : 협조적
9) じょうねつてき : 정열적
10) せっきょくてき : 적극적

의문문 ④

##〈かれらは + ~でしたか〉형

1. かれらは それを じまんしましたか。
   카레라와 소레오 지만 시마시타카.

2. かれらは それが へたでしたか。
   카레라와 소레가 헤타데시타카.

3. かれらは それに いやけが さしましたか。
   카레라와 소레니 이야케가 사시마시타카.

4. かれらは あなたに しんせつでしたか。
   카레라와 아나타니 신 세츠데시타카.

5. かれらは でんとうを そんちょうしましたか。
   카레라와 덴 토- 오 손쵸- 시마시타카.

6. かれらは あなたを そんけいしましたか。
   카레라와 아나타오 송 케- 시마시타카.

7. かれらは あなたを しんぱいしましたか。
   카레라와 아나타오 심 파이시마시타카.

8. かれらは それが じょうずでしたか。
   카레라와 소레가 죠 - 즈데시타카.

9. かれらは それに びんかんでしたか。
   카레라와 소레니 빙 칸 데시타카.

10. かれらは それに むかんしんでしたか。
    카레라와 소레니 무칸 신 데시타카.

의문문 ④

<그들은 + ~였습니까>형

1. 그들은 그것을 자랑하였습니까?

2. 그들은 그것에 서툴렀습니까?

3. 그들은 그것에 싫증이 났습니까?

4. 그들은 당신에게 친절했습니까?

5. 그들은 전통을 존중히였습니까?

6. 그들은 당신을 존경하였습니까?

7. 그들은 당신을 염려하였습니까?

8. 그들은 그것을 잘 하였습니까?

9. 그들은 그것에 민감하였습니까?

10. 그들은 그것에 무관심하였습니까?

---

1) じまん : 자랑
2) へただ : 서툴다
3) それに : 그것에
   いやけが さす : 싫증이 나다
4) しんせつだ : 친절하다
5) でんとう : 전통
   そんちょうする : 존중하다
6) そんけい : 존경
7) しんぱい : 걱정, 염려
8) じょうずだ : 잘하다
9) びんかんだ : 민감하다
10) むかんしんだ : 무관심하다

의문문

<あなたは + しらべましたか>형

1. あなたは ひるごはんを たべましたか。
   아나타와 히루고항 오 타베마시타카.

2. あなたは ゆうべ しごとが ありましたか。
   아나타와 유-베 시고토가 아리마시타카.

3. あなたは かれに でんわを かけましたか。
   아나타와 카레니 뎅 와오 카케마시타카.

4. あなたは こぎってを しはらいましたか。
   아나타와 코깃 테오 시하라이마시타카.

5. あなたは かれらを せっとくしましたか。
   아나타와 카레라오 셋 토쿠시마시타카.

6. あなたは その たんごを じしょで しらべましたか。
   아나타와 소노 탕 고오 지쇼데 시라베마시타카.

7. あなたは チョンノへ いく ちかてつに のりましたか。
   아나타와 촌 노에 이쿠 치카테츠니 노리마시타카.

8. あなたは タクシーに のりましたか。
   아나타와 타쿠시-니 노리마시타카.

9. あなたは ソウルえきまで バスに のって いきましたか。
   아나타와 소-루에키마데 바스니 놋테 이키마시타카.

10. あなたは かぜぐすりを のみましたか。
    아나타와 카제구스리오 노미마시타카.

의문문

<당신은 + 찾아었습니까>형

1. 당신은 점심을 먹었습니까?

2. 당신은 엊저녁에 할 일이 있었습니까?

3. 당신은 그에게 전화를 걸었습니까?

4. 당신은 수표를 지불하였습니까?

5. 당신은 그들을 실득시켰습니까?

6. 당신은 그 단어를 사전에서 찾았었습니까?

7. 당신은 종로로 가는 지하철을 탔습니까?

8. 당신은 택시를 탔습니까?

9. 당신은 서울역까지 버스를 타고 갔습니까?

10. 당신은 감기약을 먹었습니까?

1) ひるごはん : 점심
2) ゆうべ ; 엊저녁
4) こぎって : 수표
   しはらう : 지불하다
5) せっとく : 설득
6) たんご : 단어
   じしょ : 사전
   しらべる : 찾다, 조사하다
8) タクシー : 택시
9) ソウルえき : 서울역
10) かぜぐすり : 감기약
    のむ : (약을) 먹다

공식 22 — 일반동사가 있는 의문문 ①

<주어+일반동사+〜ましたか>형

1. エリスは じむしつを たちましたか。
   에리스와 지무시츠오 타치마시타카.

2. エリスは かんこくを でて アメリカへ いきましたか。
   에리스와 캉 코쿠오 데테 아메리카에 이키마시타카.

3. エリスは おそく かえって きましたか。
   에리스와 오소쿠 카엣 테 키마시타카.

4. エリスは かいぎに さんせきしませんでしたか。
   에리스와 카이기니 산 세키시마셍 데시타카.

5. エリスは きゅうそくを とりましたか。
   에리스와 큐- 소쿠오 토리마시타카.

6. エリスは びよういんを かいぎょうしましたか。
   에리스와 비요-잉 오 카이교- 시마시타카.

7. セリーは テレビに しゅつえんしましたか。
   세리-와 테레비니 슈 츠엔 시마시타카.

8. セリーは それに とうししましたか。
   세리-와 소레니 토- 시시마시타카.

9. セリーは おっとと りこんしましたか。
   세리-와 옷 토토 리콘 시마시타카.

10. セリーは あなたに ひるごはんを おごって くれましたか。
    세리-와 아나타니 히루고항 오 오곳 테 쿠레마시타카.

일반동사가 있는 의문문 ①

〈주어 + 일반동사 + ~였습니까〉형

1. 에리스는 사무실을 떠났습니까?

2. 에리스는 한국을 떠나 미국으로 갔습니까?

3. 에리스는 늦게 돌아왔습니까?

4. 에리스는 회의에 참석하지 않았습니까?

5. 에리스는 휴식을 취했습니까?

6. 에리스는 미장원을 개업했습니까?

7. 세리는 TV에 출연하였습니까?

8. 세리는 그것에 투자하였습니까?

9. 세리는 남편과 이혼하였습니까?

10. 세리는 당신에게 점심을 사주었습니까?

1) じむしつ : 사무실 　 たつ : 떠나다	6) びょういん : 미장원 　 かいぎょう : 개업
2) でる : 나가다, 떠나다	7) しゅつえん : 출연
4) かいぎ : 회의 　 さんせき : 참석	8) とうし : 투자
5) きゅうそく : 휴식 　 とる : 취하다	9) おっと : 남편 　 りこん : 이혼
	10) おごる : 사주다, 대접하다

공식 23 의문사가 나오는 의문문①

〈주어 + なにを + 일반동사 ましたか〉형

1. あなたは かれに なにを うりましたか。
   아나타와 카레니 나니오 우리마시타카.

2. あなたは かれに なにを あげましたか。
   아나타와 카레니 나니오 아게마시타카.

3. あなたは かれに なにを おしえましたか。
   아나타와 카레니 나니오 오시에마시타카.

4. あなたは ミョンドンで なにを かいましたか。
   아나타와 묜 돈 데 나니오 가이마시타카.

5. あなたは えんそくに なにを よういしましたか。
   아나타와 엔 소쿠니 나니오 요-이시마시타카.

6. あなたは しょくぜんに なにを のみましたか。
   아나타와 쇼 쿠젠니 나니오 노미마시타카.

7. あなたは なつに なにを べんきょうしましたか。
   아나타와 나츠니 나니오 벵 쿄- 시마시타카.

8. あなたは しゅうまつに なにを しましたか。
   아나타와 슈- 마츠니 나니오 시마시타카.

9. あなたは ゆうべ なにを ふくしゅうしましたか。
   아나타와 유- 베 나니오 후쿠 슈- 시마시타카.

10. あなたは きのう なにを れんしゅうしましたか。
    아나타와 키노- 나니오 렌 슈- 시마시타카.

공식 23

의문사가 나오는 의문문 ①

⟨주어 + 무엇을 + 일반동사 했습니까⟩형

1. 당신은 그에게 무엇을 팔았습니까?
2. 당신은 그에게 무엇을 주었습니까?
3. 당신은 그에게 무엇을 가르쳤습니까?
4. 당신은 명동에서 무엇을 샀습니까?
5. 당신은 소풍에 무엇을 준비하였습니까?
6. 당신은 식사 전에 무엇을 마셨습니까?
7. 당신은 여름에 무엇을 공부하였습니까?
8. 당신은 주말에 무엇을 하였습니까?
9. 당신은 엊저녁에 무엇을 복습하였습니까?
10. 당신은 어제 무엇을 연습하였습니까?

1) うる : 팔다
2) あげる : 주다
3) おしえる : 가르치다
4) かう : 사다
5) えんそく : 소풍
   ようい : 준비
6) しょくぜん : 식사전
   のむ : 마시다
7) べんきょう : 공부
8) しゅうまつ : 주말
9) ふくしゅう : 복습
10) れんしゅう : 연습

공식 24 의문사가 있는 의문문 ②

<주어 + なにを + 일반동사ましたか>형

1. かれが なにを きいて みましたか。
   카레가 나니오 키-테 미마시타카.

2. かれが なにに けっていしましたか。
   카레가 나니니 켓 테-시마시타카.

3. かれが なにを しゅちょうしましたか。
   카레가 나니오 슈 쵸- 시마시타카.

4. かれが どうして あなたを ひなんしましたか。
   카레가 도-시테 아나타오 히난 시미시타카.

5. かれが なにを じまんしましたか。
   카레가 나니오 지만 시마시타카.

6. あなたは なにを せんこうしましたか。
   아나타와 나니오 셍 코-시마시타카.

7. あなたは なにを はんたいしましたか。
   아나타와 나니오 한 타이시마시타카.

8. あなたは なぜ かれに あやまりましたか。
   아나타와 나제 카레니 아야마리마시타카.

9. あなたは なにに とうししましたか。
   아나타와 나니니 토-시시마시타카.

10. あなたは なにを じまんしましたか。
    아나타와 나니오 지만 시마시타카.

의문사가 있는 의문문 ②

<주어 + 무엇을 + 일반동사 였습니까>형

1. 그가 무엇을 물어보았습니까?

2. 그가 무엇으로 결정하였습니까?

3. 그가 무엇을 주장하였습니까?

4. 그가 무엇 때문에 당신을 비난하였습니까?

5. 그가 무엇을 사랑하였습니까?

6. 당신은 무엇을 전공하였습니까?

7. 당신은 무엇을 반대하였습니까?

8. 당신은 무엇 때문에 그에게 사과하였습니까?

9. 당신은 무엇에 투자하였습니까?

10. 당신은 무엇을 자랑하였습니까?

1) きく : 묻다
　～て みる : ～해 보다
2) けってい : 결정
3) しゅちょう : 주장
4) どうして : 무엇 때문에
　ひなん : 비난
6) せんこう : 전공
7) はんたい : 반대
8) あやまる : 사과하다

의문사가 있는 의문문 ③

<あなたは + どこで + 일반동사?>형

1. あなたは どこで フランスごを ならいましたか。
   아나타와 도코데 후란 스고오 나라이마시타카.

2. あなたは どこで かぎを みつけましたか。
   아나타와 도코데 카기오 미츠케마시타카.

3. あなたは どこで パーティーを ひらきましたか。
   아나타와 도코데 파-티-오 히라키마시타카.

4. あなたは どこで ドレスを かいましたか。
   아나타와 도코데 도레스오 카이마시타카.

5. あなたは どこで タクシーに のりましたか。
   아나타와 도코데 타쿠시-니 노리마시타카.

6. あなたは どこに くるまを ちゅうしゃしましたか。
   아나타와 도코니 쿠루마오 츄- 샤 시마시타카.

7. あなたは どこで ころびましたか。
   아나타와 도코데 코로비마시타카.

8. あなたは どこで かれに ぐうぜん であいましたか。
   아나타와 도코데 카레니 구-젠 데아이마시타카.

9. あなたは どこで ともだちに あいましたか。
   아나타와 도코데 토모다치니 아니마시타카.

10. あなたは どこで かいぎを かいさいしましたか。
    아나타와 도코데 카이기오 카이사이 시마시타카.

의문사가 있는 의문문 ③
<당신은 + 어디에서 + 일반동사?>형

1. 당신은 어디에서 프랑스어를 배웠습니까?

2. 당신은 어디에서 열쇠를 발견하였습니까?

3. 당신은 어디에서 파티를 열었습니까?

4. 당신은 어디에서 드레스를 샀습니까?

5. 당신은 어디에서 택시를 탔습니까?

6. 당신은 어디에 자동차를 주차하였습니까?

7. 당신은 어디에서 넘어졌습니까?

8. 당신은 어디에서 그를 우연히 만났습니까?

9. 당신은 어디에서 친구를 만났습니까?

10. 당신은 어디에서 회의를 개최하였습니까?

1) フランスご : 프랑스어
   ならう : 배우다
2) かぎ ; 열쇠
   みつける : 발견하다
3) ひらく : 열다
4) ドレス : 드레스
6) ちゅうしゃ : 주차
7) ころぶ : 넘어지다
8) ぐうぜん : 우연히
   であう : 만나다
9) ともだち : 친구
10) かいぎ : 회의
    かいさい : 개최

장소를 표현하는 방법
きほん たいわ

1. A: ウィルソンさんの じむしつは なんがいに ありますか。
   위 루손 산 노 지무시츠와 낭 가이니 아리마스카.

   B: よんかいに あります。
   용 카이니 아리마스.

2. A: どこで かれに あいましたか。
   도코데 카레니 아이마시타카.

   B: ミョンドンで かれに あいました。
   묜 돈 데 카레니 아이마시타.

3. A: ようしょコーナーは どこに ありますか。
   요- 쇼 코-나-와 도코니 아리마스카.

   B: おりて いって みぎがわに あります。
   오리테 잇 테 미기가와니 아리마스.

4. A: トイレは どこに あるか しって いますか。
   토이레와 도코니 아루카 싯 테 이마스카.

   B: ろうかを おりて いって みぎがわに あります。
   로- 카오 오리테 잇 테 미기가와니 아리마스.

5. A: わたしは ライターを おとして しまったようです。
   와타시와 라이타-오 오토시테 시맛 타 요-데스.

   B: ソファーで それを みましたけど。
   소화- 데 소레오 미마시타케도.

장소를 표현하는 방법
기본 대화

1. A : 윌슨 씨의 사무실은 몇 층에 있습니까?

   B : 4층에 있습니다.

2. A : 어디에서 그를 만났습니까?

   B : 명동에서 그를 만났습니다.

3. A : 양서부는 어디에 있습니까?

   B : 내려가서 오른편에 있습니다.

4. A : 화장실은 어디에 있는지 아십니까?

   B : 복도를 내려가 오른편에 있습니다.

5. A : 내가 라이터를 잃어버렸는가 봅니다.

   B : 소파에서 그것을 보았는데요.

---

1) じむしつ ; 사무실
   なんがい : 몇층
   よんかい : 4층
2) どこで : 어디에서
   ミョンドン : 명동
3) ようしょコーナー : 양서부
   おりて いく : 내려가다
3) みぎがわ : 오른편
4) トイレ : 화장실
   しって いる : 알고 있다
5) おとす : 잃다
   ～て しまう : ～해 버리다

의문사가 있는 의문문 ④

<あなたは + どこで + 일반동사?>형

1. あなたは きのう どこへ いきましたか。
   아나타와 키노- 도코에 이키마시타카.

2. あなたは どこへ さんぽに でかけましたか。
   아나타와 도코에 삼 포니 데카케마시타카.

3. あなたは どこに かばんを おきましたか。
   아나타와 도코니 카방 오 오키마시타카.

4. あなたは どこで じどうしゃの じこが ありましたか。
   아나타와 도코데 지도-샤노 지코가 아리마시타카.

5. あなたは どこで きゅうかを すごしましたか。
   아나타와 도코데 큐- 카오 스고시마시타카.

6. あなたは どこで しゅじゅつを しましたか。
   아나타와 도코데 슈 쥬츠오 시마시타카.

7. あなたは どこで ひるごはんを たべましたか。
   아나타와 도코데 히루고항오 타베마시타카.

8. あなたは どこへ ほんしゃを いてんしましたか。
   아나타와 도코에 혼샤 오 이텐 시마시타카.

9. あなたは どこで かれに あいましたか。
   아나타와 도코데 카레니 아이마시타카.

10. あなたは どこへ かいものに いきましたか。
    아나타와 도코에 카이모노니 이키마시타카.

의문사가 있는 의문문 ④
<당신은 + 어디서 + 일반동사?>형

1. 당신은 어제 어디에 갔습니까?

2. 당신은 어디로 산책을 나갔습니까?

3. 당신은 어디에 가방을 놔두었습니까?

4. 당신은 어디에서 자동차 사고가 있었습니까?

5. 당신은 어디에서 휴가를 보냈습니까?

6. 당신은 어디에서 수술을 하였습니까?

7. 당신은 어디에서 점심을 먹었습니까?

8. 당신은 어디로 본사를 이전하였습니까?

9. 당신은 어디에서 그를 만났습니까?

10. 당신은 어디로 쇼핑을 갔습니까?

---

1) きのう : 어제
2) さんぽ : 산책
   でかける : 나가다
3) かばん : 가방
   おく : 두다
4) じどうしゃ : 자동차
   じこ : 사고
5) きゅうか : 휴가
   すごす : 보내다
6) しゅじゅつ : 수술
7) ひるごはん : 점심
8) ほんしゃ : 본사
   いてん : 이전
9) かいもの : 쇼핑

의문사가 오는 의문문 ⑤

##〈あなたは + なぜ + 일반동사?〉형

1. あなたは なぜ かれに でんわしましたか。
   아나타와 나제 카레니 뎅 와 시마시타카.

2. あなたは なぜ かれを かいこしましたか。
   아나타와 나제 카레오 카이코시마시타카.

3. あなたは なぜ かれを しょうしんさせましたか。
   아나타와 나제 카레오 쇼- 신 사세마시타카.

4. あなたは なぜ かれを ぶじょくしましたか。
   아나타와 나제 카레오 부 죠 쿠시마시타카.

5. あなたは なぜ かれを てんきんさせましたか。
   아나타와 나제 카레오 텡 킨 사세마시타카.

6. あなたは なぜ かれを ひなんしましたか。
   아나타와 나제 카레오 히 난 시마시타카.

7. あなたは なぜ かれを ふくめましたか。
   아나타와 나제 카레오 후쿠메마시타카.

8. あなたは なぜ それを しましたか。
   아나타와 나제 소레오 시마시타카.

9. あなたは なぜ さいふを かえましたか。
   아나타와 나제 사이후오 카에마시타카.

10. あなたは なぜ でんわばんごうを へんこうしましたか。
    아나타와 나제 뎅와방고- 오 헹 코- 시마시타카.

의문사가 오는 의문문 ⑤
〈당신은 + 왜 + 일반동사?〉형

1. 당신은 왜 그에게 전화하였습니까?

2. 당신은 왜 그를 해고하였습니까?

3. 당신은 왜 그를 승진시켰습니까?

4. 당신은 왜 그를 모욕하였습니까?

5. 당신은 왜 그를 전근시켰습니까?

6. 당신은 왜 그를 비난하였습니까?

7. 당신은 왜 그를 포함시켰습니까?

8. 당신은 왜 그것을 하였습니까?

9. 당신은 왜 지갑을 바꾸었습니까?

10. 당신은 왜 전화번호를 바꾸었습니까?

- 1) なぜ : 왜
- 2) かいこ : 해고
- 3) しょうしん : 승진
  ~させる : ~시키다
- 4) ぶじょく : 모욕
- 5) てんきん : 전근
- 6) ひなん : 비난
- 7) ふくめる : 포함시키다
- 9) さいふ : 지갑
  かえる : 바꾸다
- 10) へんこう : 변경

이유와 원인을 묻는 방법
きほん たいわ

1. A: なぜ きのう ベティーの うちへ いきませんでしたか。
   나제 키노- 베티- 노 우치에 이키마셍 데시타카.

   B: かるい かぜを ひいたからです。
   카루이 카제오 히- 타카라데스.

   A: それは いけませんね。いまは だいじょうぶですか。
   소레와 이케마셍 네. 이마와 다이죠- 부데스카.

   B: ええ, おかげさまで げんきです。
   에-, 오카게사마데 겡 키데스.

2. A: なぜ かれが しっぱいしたか しって いますか。
   나제 카레가 십 파이시타카 싯 테 이마스카.

   B: かれの しっぱいは ふちゅいの ためだと おもいます。
   카레노 십 파이와 후츄- 이노 타메다토 오모이마스.

3. A: その じこに だれが せきにんが ありますか。
   소노 지코니 다레가 세키닝 가 아리마스카.

   B: じてんしゃに のって いた ひとだと おもいます。
   지텐 샤 니 놋 테 이타 히토다토 오모이마스

4. A: それが おきた りゆうを せつめいして くれますか。
   소레가 오키타 리유-오 세츠메- 시테 쿠레마스카.

   B: かれらが とても ふちゅういだった ために おきたのです。
   카레라가 토테모 후츄- 이닷 타 타메니 오키타노데스.

이유와 원인을 묻는 방법
기본 대화

1. A : 어째서 어제 베티의 집에 가지 않았습니까?

   B : 가벼운 감기에 걸렸기 때문입니다.

   A : 그것 참 안됐습니다. 지금은 괜찮습니까?

   B : 예, 덕분에 건강합니다.

2. A : 왜 그가 실패한 지 아십니까?

   B : 그의 실패는 부주의 때문이라고 생각합니다.

3. A : 그 사고에 누가 책임이 있습니까?

   B : 자전거를 탄 사람이라고 생각합니다.

4. A : 그것이 일어난 이유를 설명해 줄 수 있습니까?

   B : 그들이 매우 부주의했기 때문에 일어난 것입니다.

---

1) B: かるい： 가볍다
   かぜを ひく : 감기에 걸리다
   A: それは いけませんね° : 그것 참 안됐네요.
   だいじょうぶだ : 괜찮다
   B: おかげさまで : 덕분에
   げんきだ : 건강하다

2) A: しっぱい : 실패
   しる : 알다
   B: ふちゅうい : 부주의
   ～のため : ～때문

3) じこ : 사고
   せきにん : 책임

4) りゆう : 이유

의문사가 나오는 의문문 ⑥

<あなたは + いつ + 일반동사?>형

1. あなたは いつ たいいんしましたか。
   아나타와 이츠 타이인 시마시타카.

2. あなたは いつ しょくばを やめましたか。
   아나타와 이츠 쇼쿠바오 야메마시타카.

3. あなたは いつ かぜを ひきましたか。
   아나타와 이츠 카제오 히키마시타카.

4. あなたは いつ こうじょうの もんを とじましたか。
   아나타와 이츠 코-죠- 노 몽 오 토지마시타카.

5. あなたは いつ かれらを かいこしましたか。
   아나타와 이츠 카레라오 카이코시마시타카.

6. あなたは いつ かれを しょうしんさせましたか。
   아나타와 이츠 카레오 쇼- 신 사세마시타카.

7. あなたは いつ ろんぶんを ていしゅつしましたか。
   아나타와 이츠 롬붕오 테- 슈츠 시마시타카.

8. あなたは いつ とっきょを しんせいしましたか。
   아나타와 이츠 톡쿄오 신 세-시마시타카.

9. あなたは いつ アメリカから かえって きましたか。
   아나타와 이츠 아메리카카라 카엣테 키마시타카.

10. あなたは いつ だいがくを そつぎょうしましたか。
    아나타와 이츠 다이가쿠오 소츠교-시마시타카.

의문사가 나오는 의문문 ⑥

< 당신은 + 언제 + 일반동사? > 형

1. 당신은 언제 퇴원하였습니까?

2. 당신은 언제 직장을 그만두었습니까?

3. 당신은 언제 감기에 걸렸습니까?

4. 당신은 언제 공장의 문을 닫았습니까?

5. 당신은 언제 그들을 해고하였습니까?

6. 당신은 언제 그를 승진시켰습니까?

7. 당신은 언제 논문을 제출하였습니까?

8. 당신은 언제 특허를 신청하였습니까?

9. 당신은 언제 미국에서 돌아왔습니까?

10. 당신은 언제 대학을 졸업하였습니까?

1) たいいん : 퇴원
2) しょくば : 직장
3) いつ : 언제
4) こうじょう : 공장
   もん : 문
   とじる : 닫다
5) かいこ : 해고
6) しょうしん : 승진
7) ろんぶん : 논문
   ていしゅつ : 제출
8) とっきょ : 특허
   しんせい : 신청
10) だいがく : 대학
    そつぎょう : 졸업

공식 29 의문사가 나오는 의문문 ⑦

<どの + 명사 + あなたは + 일반동사?>형

1. どの くるまに あなたは きめましたか。
   도노 쿠루마니 아나타와 키메마시타카.

2. どの いろに あなたは けっていしましたか。
   도노 이로니 아나타와 켓테-시마시타카.

3. どの アパートを あなたは えらびましたか。
   도노 아파-토오 아나타와 에라비마시타카.

4. どの しんぶんに あなたは きめましたか。
   도노 심분니 아나타와 키메마시타카.

5. どの かいしゃを あなたは えらびましたか。
   도노 카이샤오 아나타와 에라비마시타카.

6. どの だいがくに あなたは きめましたか。
   도노 다이가쿠니 아나타와 키메마시타카.

7. どの コースに あなたは せんたくしましたか。
   도노 코-스니 아나타와 센타쿠시마시타카.

8. どの ひこうきに あなたは きめましたか。
   도노 히코-키니 아나타와 키메마시타카.

9. どの ばしょに あなたは きめましたか。
   도노 바쇼니 아나타와 키메마시타카.

10. どの かもくを あなたは えらびましたか。
    도노 카모쿠오 아나타와 에라비마시타카.

의문사가 나오는 의문문 ⑦

< 어느 + 명사 + 당신은 + 일반동사? >형

1. 어느 차로 당신은 결정하였습니까?

2. 어느 색깔로 당신은 결정하였습니까?

3. 어느 아파트를 당신은 선택했습니까?

4. 어느 신문으로 당신은 결정하였습니까?

5. 어느 회사를 당신은 선택하였습니까?

6. 어느 대학을 당신은 결정하였습니까?

7. 어느 코스로 당신은 선택하였습니까?

8. 어느 비행기로 당신은 결정하였습니까?

9. 어느 장소로 당신은 결정하였습니까?

10. 어느 과목을 당신은 선택하였습니까?

1) どの : 어느
   くるま : 자동차
2) いろ : 색깔
   けってい : 결정
3) えらぶ : 선택하다, 고르다
4) しんぶん : 신문
   せんたく : 선택
5) かいしゃ : 회사
6) きめる : 결정하다
7) コース : 코스
8) ひこうき : 비행기
9) ばしょ : 장소
10) かもく : 과목

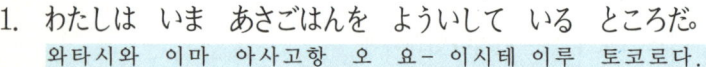

현재 진행 상태를 나타내는 〈わたしは いま+~を+~して いる ところだ〉형

1. わたしは いま あさごはんを よういして いる ところだ。
   와타시와 이마 아사고항 오 요-이시테 이루 토코로다.

2. わたしは いま コーヒーを いっぱい いれて いる ところだ。
   와타시와 이마 코-히-오 입 파이 이레테 이루 토코로다.

3. わたしは テレビを みて いる ところだ。
   와타시와 테레비오 미테 이루 토코로다.

4. わたしは えを かいて いる ところだ。
   와타시와 에오 카이테 이루 토코로다.

5. わたしは きものを ぬって いる ところだ。
   와타시와 키모노오 눗 테 이루 토코로다.

6. わたしは しけんを うけて いる ところだ。
   와타시와 시켕 오 우케테 이루 토코로다.

7. わたしは いま やすみを とって いる ところだ。
   와타시와 이마 야스미오 톳 테 이루 토코로다.

8. わたしは こうえんで さんぽを して いる ところだ。
   와타시와 코-엔데 삼 포오 시테 이루 토코로다.

9. わたしは いま しゅくだいを して いる ところだ。
   와타시와 이마 슈 쿠다이오 시테 이루 토코로다.

10. わたしは いま ピアノを えんそうして いる ところだ。
    와타시와 이마 피아노오 엔 소-시테 이루 토코로다.

현재 진행 상태를 나타내는

<나는지금+~을+~하고있는중이다>형

1. 나는 지금 아침을 준비하고 있는 중이다.

2. 나는 지금 커피 한 잔을 타고 있는 중이다.

3. 나는 TV를 보고 있는 중이다.

4. 나는 그림을 그리고 있는 중이다.

5. 나는 옷을 꿰매고 있는 중이다.

6. 나는 시험을 치르고 있는 중이다.

7. 나는 지금 휴식을 취하고 있는 중이다.

8. 나는 공원에서 산책하고 있는 중이다.

9. 나는 지금 숙제를 하고 있는 중이다.

10. 나는 지금 피아노를 연주하고 있는 중이다.

1) あさごはん : 아침밥 　ようい : 준비	6) しけんを　うける : 시험을 치루다
2) いっぱい : 한잔 　いれる : 타다	7) やすみ : 휴식 　とる : 취하다
4) えを　かく : 그림을 그리다	8) こうえん : 공원
5) きもの : 옷 　ぬう : 꿰매다	9) しゅくだい : 숙제
	10) えんそう : 연주

공식 31

현재의 진행 상태를 나타내는

<わたしたちは+〜ている ところです>형

1. わたしたちは いま さんぽを して いる ところです。
   와타시타치와 이마 삼 포오 시테 이루 토코로데스.

2. わたしたちは ただ さんぽを して いる ところです。
   와타시타치와 타다 삼 포오 시테 이루 토코로데스.

3. わたしたちは いま パーティーを ひらいて いる ところです。
   와타시타치와 이마 파-티-오 히라이테 이루 토코로데스

4. わたしたちは サッカーの れんしゅうを して いる ところです。
   와타시타치와 삿 카-노 렌 슈-오 시테 이루 토코로데스

5. わたしたちは はなを うえて いる ところです。
   와타시타치와 하나 오 우에테 이루 토코로데스

6. わたしたちは おおきい レストランを けいえいして います。
   와타시타치와 오-키- 레스토랑 오 케-에-시테 이마스.

7. わたしたちは たくさんの データを しゅうしゅうちゅうです。
   와타시타치와 탁 산 노 데-타오 슈- 슈- 츄- 데스.

8. わたしたちは こうそくどうろで くるまを はしらせて いる ところです。
   와타시타치와 코- 소쿠 도-로데 쿠루마오 하시라세테 이루 토코로데스

9. わたしたちは なくなった ほんを さがして いる ところです。
   와타시타치와 나쿠낫 타 홍 오 사가시테 이루 토코로데스

10. わたしたちは きゅうかを たのしみに して いる ところです。
    와타시타치와 큐- 카오 타노시미니 시테 이루 토코로데스.

공식 31 — 현재의 진행 상태를 나타내는
<우리는 + ~하고 있는 중입니다>형

1. 우리는 지금 산책하고 있는 중입니다.

2. 우리는 그저 산책하고 있는 중입니다.

3. 우리는 지금 파티를 열고 있는 중입니다.

4. 우리는 축구 연습을 하고 있는 중입니다.

5. 우리는 꽃을 심고 있는 중입니다.

6. 우리는 큰 음식점을 경영하고 있는 중입니다.

7. 우리는 많은 데이터를 수집중입니다.

8. 우리는 고속도로에서 자동차를 몰고 있는 중입니다.

9. 우리는 없어진 책을 찾고 있는 중입니다.

10. 우리는 휴가를 고대하고 있는 중입니다.

2) ただ : 그저
3) ひらく : 열다
4) サッカー : 축구
　れんしゅう : 연습
5) はな : 꽃
　うえる : 심다
　~ている ところです : ~하고 있는 중입니다.
6) おおきい : 크다
　レストラン : 음식점
　けいえい : 경영
7) たくさんの : 많은
　しゅうしゅうちゅう : 수집중
8) こうそくどうろ : 고속도로
　はしらせる : 몰다
9) さがす : 찾다

현재의 진행 상태를 부정하는

##〈かれは + ~して いません〉형

1. かれは なにも して いません。
   카레와 나니모 시테 이마셍.

2. かれは えいごの べんきょうを して いません。
   카레와 에-고노 벵쿄-오 시테 이마셍.

3. かれは しゃしんを とって いません。
   카레와 샤싱오 톳테 이마셍.

4. かれは ふろに はいって いません。
   카레와 후로니 하잇테 이마셍.

5. かれは きょういくぶに つとめて いません。
   카레와 쿄- 이쿠부니 츠토메테 이마셍.

6. かれは ひるねを して いません。
   카레와 히루네오 시테 이마셍.

7. かれは どりょくを して いません。
   카레와 도료쿠오 시테 이마셍.

8. かれは いいわけを して いません。
   카레와 이-와케오 시테 이마셍.

9. かれは なやを そうじして いません。
   카레와 나야오 소-지시테 이마셍.

10. かれは タクシーに のって いません。
    카레와 타쿠시-니 놋테 이마셍.

현재의 진행 상태를 부정하는

<그는 + ~하지 않고 있습니다>형

1. 그는 아무 것도 하지 않고 있습니다.
2. 그는 영어 공부를 하지 않고 있습니다.
3. 그는 사진을 찍지 않고 있습니다.
4. 그는 목욕을 하지 않고 있습니다.
5. 그는 교육부에서 근무하지 않고 있습니다.
6. 그는 낮잠을 자지 않고 있습니다.
7. 그는 노력을 하지 않고 있습니다.
8. 그는 변명을 하지 않고 있습니다.
9. 그는 헛간을 청소하지 않고 있습니다.
10. 그는 택시를 타지 않고 있습니다.

3) しゃしんを とる : 사진을 찍다	6) ひるね : 낮잠
4) ふろに はいる : 목욕을 하다	7) どりょく : 노력
5) きょういくぶ : 교육부	8) いいわけ : 변명
つとめる : 근무하다	9) なや : 헛간

현재의 진행 상태를 묻고 있는

〈あなたは + 동사 + ～て いる ところですか〉형

1. あなたは ほんを よんで いますか。
   아나타와 홍 오 욘데 이마스카.

2. あなたは いま りょこうを して いますか。
   아나타와 이마 료코-오 시테 이마스카.

3. あなたは ジョギングを して いる ところですか。
   아나타와 죠깅구오 시테 이루 토코로데스카.

4. あなたは タクシーを うんてんして いる ところですか。
   아나타와 타쿠시-오 운텐시테 이루 토코로데스카.

5. あなたは かおを あらって いる ところですか。
   아나타와 카오- 아랏테 이루 토코로데스카.

6. あなたは ぶどうしゅを いっぱい のんで いる ところですか。
   아나타와 부도-슈 오 입파이 논데 이루 토코로데스카.

7. あなたは たこを あげて いる ところですか。
   아나타와 타코오 아게테 이루 토코로데스카.

8. あなたは パーティーを じゅんびして いる ところですか。
   아나타와 파-티-오 쥼비시테 이루 토코로데스카.

9. あなたは ラジオを きいて いる ところですか。
   아나타와 라지오- 키-테 이루 토코로데스카.

10. あなたは ピアノの れんしゅうを して いる ところですか。
    아나타와 피아노노 렌슈-오 시테 이루 토코로데스카.

공식 33

현재의 진행 상태를 묻고 있는

〈당신은 + 동사 + ~하고 있는 중입니까?〉형

1. 당신은 책을 읽고 있습니까?

2. 당신은 지금 여행을 하고 있습니까?

3. 당신은 죠깅을 하고 있는 중입니까?

4. 당신은 택시를 운전하고 있는 중입니까?

5. 당신은 얼굴을 씻고 있는 중입니까?

6. 당신은 포도주를 한 잔 마시고 있는 중입니까?

7. 당신은 연을 날리고 있는 중입니까?

8. 당신은 파티를 준비하고 있는 중입니까?

9. 당신은 라디오를 듣고 있는 중입니까?

10. 당신은 피아노 연습을 하고 있는 중입니까?

- 2) りょこう : 여행
- 3) ジョギング : 죠깅
- 4) うんてん : 운전
- 5) かお : 얼굴
  あらう : 씻다
- 6) ぶどうしゅ : 포도주
- 7) たこを あげる : 연을 날리다
- 8) じゅんび : 준비
- 10) れんしゅう : 연습

질문에 대답하는 법
きほん たいわ

1. A: あなたは アメリカの しゅっしんですか。
   아나타와 아메리카노 슛 신 데스카.
   B: はい, そうです。
   하이, 소-데스.

2. A: きしゃは いつ ソウルに つきますか。
   키샤와 이츠 소-루니 츠키마스카
   B: わたしは きしゃは じゅうじ さんじゅっぷんに つくと おもいます。
   와타시와 키샤 와 쥬-지 산 쥽 푼 니 츠쿠토 오모이마스

3. A: あなたは かんこくでの たいざいが どうですか。
   아나타와 캉 코쿠데노 타이자이가 도-데스카.
   B: とても いいです。あなたは どうですか。
   토테모 이-데스. 아나타와 도-데스카.

4. A: あなたは ここに ながく とまる けいかくを して いますか。
   아나타와 코코니 나가쿠 토마루 케-카쿠오 시테 이마스카.
   B: いいえ, して いません。らいげつ かんこくを たちます。
   이-에, 시테 이마셍. 라이게츠 캉 코쿠오 타치마스.

5. A: ジェジュゆきの せきを よやく できますか。
   제 쥬 유키노 세키오 요야쿠 데키마스카.
   B: はい, よやく できます。
   하이, 요야쿠 데키마스

질문에 대답하는 법
기본 대화

1. A : 당신은 미국 출신입니까?

   B : 예, 그렇습니다.

2. A : 기차는 언제 서울에 도착합니까?

   B : 나는 기차가 10시 30분에 도착한다고 생각합니다.

3. A : 당신은 한국에 체재하는 것이 어떻습니까?

   B : 매우 좋습니다. 당신은 어떻습니까?

4. A : 당신은 여기에 오래 머무를 계획을 하고 있습니까?

   B : 아니오, 하고 있지 않습니다. 다음 달에 한국을 떠납니다.

5. A : 제주행 자리를 예약할 수 있습니까?

   B : 예, 예약할 수 있습니다.

---

1) A: しゅっしん : 출신
2) A: きしゃ : 기차
   つく : 도착하다
3) A: 〜での : 〜에서의
   たいざい : 체재
   どうだ : 어떠하다
3) B: とても : 매우
4) A: とまる : 머물다
   けいかく ; 계획
   B: らいげつ : 다음 달
5) A: せき : 자리
   よやく : 예약

현재의 진행 상태를 묻고 있는

⟨だれが + ～て いる ところですか⟩형

1. だれが いま ここへ きて いる ところですか。
   다레가 이마 코코에 키테 이루 토코로데스카.

2. だれが あなたの めんどうを みて いますか。
   다레가 아나타노 멘 도-오 미테 이마스카.

3. だれが ぼきを かいて いる ところですか。
   다레가 보키오 카이테 이루 토코로데스카.

4. だれが いま テレビに しゅつえんちゅうですか。
   다레가 이마 테레비니 슈 츠엔 츄- 데스카.

5. だれが あなたを いじめて いる ところですか。
   다레가 아나타오 이지메테 이루 토코로데스카.

6. だれが いま えんぜつを して いる ところですか。
   다레가 이마 엔 제츠오 시테 이루 토코로데스카.

7. だれが その ぎろんを しゅさいして いる ところですか。
   다레가 소노 기롱 오 슈 사이시테 이루 토코로데스카.

8. だれが いま シャワーを あびて いますか。
   다레가 이마 샤와- 오 아비테 이마스카.

9. だれが かれらを かんとくして いる ところですか。
   다레가 카레라오 칸 토쿠시테 이루 토코로데스카.

10. だれが あなたの いえの まえに ちゅうしゃして いますか。
    다레가 아나타노 이에노 마에니 츄- 샤 시테 이마스카.

공식 34 현재의 진행 상태를 묻고 있는

〈누가 + ~하고 있는 중입니까?〉형

1. 누가 지금 여기에 오고 있는 중입니까?

2. 누가 당신의 시중을 들고 있습니까?

3. 누가 부기를 적고 있는 중입니까?

4. 누가 지금 TV에 출연중입니까?

5. 누가 당신을 괴롭히고 있는 중입니까?

6. 누가 지금 연설을 하고 있는 중입니까?

7. 누가 그 토론을 주재하고 있는 중입니까?

8. 누가 지금 샤워를 하고 있습니까?

9. 누가 그들을 감독하고 있는 중입니까?

10. 누가 당신의 집앞에 주차를 하고 있습니까?

1) だれ : 누구
2) めんどうを みる : 시중을 들다
3) ぼき : 부기
4) しゅつえんちゅう : 출연중
5) いじめる : 괴롭히다
7) ぎろん : 토론
   しゅさい : 주재
8) シャワーを あびる : 샤워를 하다
9) かんとく : 감독
10) ちゅうしゃ : 주차

현재의 진행을 묻고 있는

〈あなたは だれと +~て いる ところですか〉형

1. あなたは いま だれと しょくじを して いる ところですか。
   아나타와 이마 다레토 쇼쿠지오 시테 이루 토코로데스카.

2. あなたは だれと べんきょうして いる ところですか。
   아나타와 다레토 벵쿄- 시테 이루 토코로데스카.

3. あなたは いま だれを せめて いる ところですか。
   아나타와 이마 다레오 세메테 이루 토코로데스카.

4. あなたは だれと いっしょに はたらいて いる ところですか。
   아나타와 다레토 잇 쇼니 하타라이테 이루 토코로데스카.

5. あなたは だれと きょうそうして いる ところですか。
   아나타와 다레토 쿄- 소-시테 이루 토코로데스카.

6. あなたは だれの ために たたかって いる ところですか。
   아나타와 다레노 타메니 타타캇 테 이루 토코로데스카.

7. あなたは だれに せっきょうして いる ところですか。
   아나타와 다레니 섹쿄- 시테 이루 토코로데스카.

8. あなたは だれと いっしょに テニスを して いる ところですか。
   아나타와 다레토 잇 쇼니 테니스오 시테 이루 토코로데스카.

9. あなたは だれと いっしょに つりを して いる ところですか。
   아나타와 다레토 잇 쇼니 츠리오 시테 이루 토코로데스카.

10. あなたは だれと いっしょに りょうに すんで いますか。
    아나타와 다레토 잇 쇼니 료-니 슨 데 이마스카.

공식 35 — 현재의 진행을 묻고 있는 〈당신은 누구와 + ~하고 있는 중입니까?〉형

1. 당신은 지금 누구와 식사를 하고 있는 중입니까?
2. 당신은 누구와 공부하고 있는 중입니까?
3. 당신은 지금 누구를 책망하고 있는 중입니까?
4. 당신은 누구와 함께 일하고 있는 중입니까?
5. 당신은 누구와 경쟁하고 있는 중입니까?
6. 당신은 누구를 위해 싸우고 있는 중입니까?
7. 당신은 누구에게 설교를 하고 있는 중입니까?
8. 당신은 누구와 함께 테니스를 치고 있는 중입니까?
9. 당신은 누구와 함께 낚시질을 하고 있는 중입니까?
10. 당신은 누구와 함께 기숙사에 살고 있습니까?

1) しょくじ : 식사
3) せめる : 책망하다
5) きょうそう : 경쟁
6) だれの ために : 누구를 위하여
   たたかう : 싸우다
7) せっきょう : 설교
9) つり : 낚시질
10) りょう : 기숙사
    すむ : 살다

공식 36 현재의 진행 상태를 묻고 있는

〈かれは だれと + 동사 ~て いる ところ + ?〉형

1. かれは それに ついて だれに はなして いる ところですか。
   카레와 소레니 츠이테 다레니 하나시테 이루 토코로데스카.

2. かれは だれと いっしょに はたらいて いる ところですか。
   카레와 다레토 잇쇼니 하타라이테 이루 토코로데스카.

3. かれは それに ついて だれに うったえて いる ところですか。
   카레와 소레니 츠이테 다레니 웃타에테 이루 토코로데스카.

4. かれは いま だれを とがめて いる ところですか。
   카레와 이마 다레오 토가메테 이루 토코로데스카.

5. かれは だれに どなって いる ところですか。
   카레와 다레니 도낫테 이루 토코로데스카.

6. かれは だれと けんかを して いる ところですか。
   카레와 다레토 켕카오 시테 이루 토코로데스카.

7. かれは だれと りょこうを して いる ところですか。
   카레와 다레토 료코-오 시테 이루 토코로데스카.

8. かれは だれを すいせんして いる ところですか。
   카레와 다레오 스이셴시테 이루 토코로데스카.

9. かれは だれと いっしょに それに とうしして いる ところですか。
   카레와 다레토 잇쇼니 소레니 토-시시테 이루 토코로데스카.

10. かれは いま だれを ひなんして いる ところですか。
    카레와 이마 다레오 히난시테 이루 토코로데스카.

공식 36

현재의 진행 상태를 묻고 있는

〈그는 누구와 + 동사 ~하고있는중 + ?〉형

1. 그는 그것에 대해 누구에게 말을 하고 있는 중입니까?

2. 그는 누구와 함께 일하고 있는 중입니까?

3. 그는 그것에 대해 누구에게 호소하고 있는 중입니까?

4. 그는 지금 누구를 책망하고 있는 중입니까?

5. 그는 누구에게 고함을 치고 있는 중입니까?

6. 그는 누구와 싸우고 있는 중입니까?

7. 그는 누구와 여행을 하고 있는 중입니까?

8. 그는 누구를 추천하고 있는 중입니까?

9. 그는 누구와 함께 그것에 투자하고 있는 중입니까?

10. 그는 지금 누구를 비난하고 있는 중입니까?

1) ～に ついて : ～에 대하여	8) すいせん : 추천
3) うったえる : 호소하다	
4) とがめる : 책망하다	
5) どなる : 고함치다	

공식 37 현재의 진행 상태를 묻고 있는

〈あなたは どこで+동사~て いる ところですか〉형

1. あなたは どこへ いく ところですか。
   아나타와 도코에 이쿠 토코로데스카.

2. あなたは どこで はたらいて いる ところですか。
   아나타와 도코데 하타라이테 이루 토코로데스카.

3. あなたは どこで えいかいわを おしえて いる ところですか。
   아나타와 도코데 에-카이와오 오시에테 이루 토코로데스카.

4. あなたは どこで えいごを べんきょうして いますか。
   아나타와 도코데 에-고오 벵 쿄- 시테 이마스카.

5. あなたは どこで テニスを して いる ところですか。
   아나타와 도코데 테니스오 시테 이루 토코로데스카.

6. あなたは どこで かれを まって いる ところですか。
   아나타와 도코데 카레오 맛 테 이루 토코로데스카.

7. あなたは どこで しょくじを して いる ところですか。
   아나타와 도코데 쇼 쿠지오 시테 이루 토코로데스카.

8. あなたは どこへ かれらを あんないして みせて いる ところですか。
   아나타와 도코에 카레라오 안 나이시테 미세테 이루 토코로데스카.

9. あなたは どこで その ニュースを きいて いる ところですか。
   아나타와 도코데 소노 뉴- 스오 키-테 이루 토코로데스카.

10. あなたは どこで パーティーを ひらいて いる ところですか。
    아나타와 도코데 파-티- 오 히라이테 이루 토코로데스카.

현재의 진행 상태를 묻고 있는
〈당신은 어디에서 + 동사 ~하고 있는 중입니까?〉형

1. 당신은 어디에 가고 있는 중입니까?

2. 당신은 어디에서 일하고 있는 중입니까?

3. 당신은 어디에서 영어회화를 가르치고 있는 중입니까?

4. 당신은 어디에서 영어를 공부하고 있습니까?

5. 당신은 어디에서 테니스를 치고 있는 중입니까?

6. 당신은 어디에서 그를 기다리고 있는 중입니까?

7. 당신은 어디에서 식사를 하고 있는 중입니까?

8. 당신은 어디로 그들을 안내해 보여주고 있는 중입니까?

9. 당신은 어디에서 그 뉴스를 경청하고 있는 중입니까?

10. 당신은 어디에서 파티를 열고 있는 중입니까?

3) おしえる : 가르치다
6) まつ : 기다리다
8) あんない : 안내
   みせる : 보여주다

현재의 진행 상태를 묻고 있는

〈あなたは なにを +동사+ ~て いる ところ…?〉형

1. あなたは いま なにを して いる ところですか。
   아나타와 이마 나니오 시테 이루 토코로데스카.

2. あなたは なにに ついて はなして いる ところですか。
   아나타와 나니니 츠이테 하나시테 이루 토코로데스카.

3. あなたは なにを さがして いる ところですか。
   아나타와 나니오 사가시테 이루 토코로데스카.

4. あなたは なにを つくって いる ところですか。
   아나타와 나니오 츠쿳테 이루 토코로데스카.

5. あなたは なにを なおして いる ところですか。
   아나타와 나니오 나오시테 이루 토코로데스카.

6. あなたは なにを のんで いる ところですか。
   아나타와 나니오 논데 이루 토코로데스카.

7. あなたは なにを あらって いる ところですか。
   아나타와 나니오 아랏테 이루 토코로데스카.

8. あなたは なにを あんで いる ところですか。
   아나타와 나니오 안데 이루 토코로데스카.

9. あなたは なにを ゆめみて いる ところですか。
   아나타와 나니오 유메미테 이루 토코로데스카.

10. あなたは なにを ふへいを もらして いる ところですか。
    아나타와 나니오 후헤-오 모라시테 이루 토코로데스카.

현재의 진행 상태를 묻고 있는

〈당신은 무엇을 + 동사 + ~하고 있는 중…?〉형

1. 당신은 지금 무엇을 하고 있는 중입니까?

2. 당신은 무엇에 대해 이야기하고 있는 중입니까?

3. 당신은 무엇을 찾고 있는 중입니까?

4. 당신은 무엇을 만들고 있는 중입니까?

5. 당신은 무엇을 수신하고 있는 중입니까?

6. 당신은 무엇을 마시고 있는 중입니까?

7. 당신은 무엇을 빨고 있는 중입니까?

8. 당신은 무엇을 뜨고 있는 중입니까?

9. 당신은 무엇을 꿈꾸고 있는 중입니까?

10. 당신은 무엇을 불평하고 있는 중입니까?

---
4) つくる : 만들다   9) ゆめみる : 꿈꾸다
5) なおす : 수선하다   10) ふへいを もらす : 불평하다
8) あむ : 뜨다

과거의 진행 상태를 나타내는

〈わたしは + 동사 ~て いた〉형

1. わたしは ろくじに ゆうごはんを たべて いた。
   와티시와   로쿠지니   유-고항 오   타베테 이타.

2. わたしは きのうの ごご テレビを みて いた。
   와티시와   키노-노   고고 테레비오 미테 이타.

3. わたしは しちじに ちょうしょくを よういして いた。
   와티시와   시치지니   쵸- 쇼 쿠오   요-이시테 이타.

4. わたしは にじごろに にわの ざっそうを ぬいて いた。
   와티시와   니지고로니 니와노 잣 소- 오 누이테 이타.

5. わたしは ゆうべ えを かいて いた。
   와티시와   유-베   에오   카이테   이타.

6. わたしは にちようびの ごご わたしの ふくを ぬって いた。
   와티시와   니치요-비노   고고 와타시노 후쿠오   눗 테 이타.

7. わたしは げつようびの ごご しけんを うけて いた。
   와티시와   게츠요- 비노   고고 시켕 오   우케테   이타.

8. わたしは にじごろに やすみを とって いた。
   와티시와   니지고로니   야스미오   톳 테   이타.

9. わたしは その とき えんぜつを して いた。
   와티시와   소노   토키 엔 제츠오   시테   이타.

10. わたしは その とき チョンノへ いく ちかてつに のって いました。
    와티시와 소노 토키 쵼 노에   이쿠 치카테츠니 놋 테 이마시타.

과거의 진행 상태를 나타내는
〈나는 + 동사 ~고 있었다〉형

1. 나는 6시에 저녁을 먹고 있었다.

2. 나는 어제 오후 TV를 시청하고 있었다.

3. 나는 7시에 아침을 준비하고 있었다.

4. 나는 2시경에 정원의 잡초를 뽑고 있었다.

5. 나는 어제 저녁 그림을 그리고 있었다.

6. 나는 일요일 오후에 나의 옷을 꿰매고 있었다.

7. 나는 월요일 오후에 시험을 치르고 있었다.

8. 나는 2시경에 휴식을 취하고 있었다.

9. 나는 그 때 연설을 하고 있었다.

10. 나는 그 때 종로로 가는 지하철을 타고 있었습니다.

1) ゆうごはん : 저녁밥
3) ちょうしょく : 아침밥
   ようい : 준비
4) ざっそう : 잡초
   ぬく : 뽑다
6) ふく : 옷
   ぬう : 꿰매다
7) やすみを とる : 휴식을 취하다

공식 40 〈わたしたちは + ～て いた〉형

과거의 진행상태를 나타내는

1. わたしたちは けさ ろくじごろに さんぽを して いた。
   와타시타치와 케사 로쿠지고로니 삼포오 시테 이타.

2. わたしたちは ゆうべ しちじごろに パーティーを ひらいて いた。
   와타시타치와 유-베 시치지고로니 파-티- 오 히라이테 이타.

3. わたしたちは さんじごろに はなを うえて いた。
   와타시타치와 산 지고로니 하나오 우에테 이타.

4. わたしたちは その とうじ おおきな レストランを けいえいして いた。
   와타시타치와 소노 토-지 오-키나 레스토랑오 케-에-시테 이타.

5. わたしたちは その とうじ むとう しょくじを して いた。
   와타시타치와 소노 토-지 무토- 쇼쿠지오 시테 이타.

6. わたしたちは きょうの ごご さんじごろに サッカーの れんしゅうを して いた。
   와타시타치와 쿄- 노 고고 산 지고로니 삭 카-노 렌 슈- 오 시테 이타.

7. わたしたちは にじごろに きを ひいて いた。
   와타시타치와 니지고로니 키오 히이테 이타.

8. わたしたちは そのとき ますづりを して いた。
   와타시타치와 소노토키 마스즈리오 시테 이타.

9. わたしたちは にじごろに えんぜつを きいて いた。
   와타시타치와 니지고로니 엔 제츠오 키-테 이타.

10. わたしたちは その ひの ごご テニスを して いた。
    와타시타치와 소노 히노 고고 테니스오 시테 이타.

과거의 진행상태를 나타내는

〈우리는 + ~고 있었다〉형

1. 우리는 오늘아침 6시경에 산책을 하고 있었다.

2. 우리는 엊저녁 7시경에 파티를 열고 있었다.

3. 우리는 3시경에 꽃을 심고 있었다.

4. 우리는 그 당시 큰 음식점을 경영하고 있었다.

5. 우리는 그 당시 무당(無糖) 식사를 하고 있었다.

6. 우리는 오는 오후 3시경에 축구 연습을 하고 있었다.

7. 우리는 2시경에 나무를 켜고 있었다.

8. 우리는 그 때 송어 낚시를 하고 있었다.

9. 우리는 2시경에 연설을 경청하고 있었다.

10. 우리는 그 날 오후 테니스를 치고 있었다.

---

3) はな : 꽃 　うえる : 심다 4) その とうじ : 그 당시 5) むとう : 무당(無糖) 　しょくじ : 식사	6) れんしゅう : 연습 7) きを ひく : 나무를 켜다 8) ますづり : 송어 낚시

과거의 진행 상태를 부정하는

##〈わたしは + ~て いませんでした〉형

1. わたしは その とき なにも して いませんでした。
   와타시와 소노 토키 나니모 시테 이마센 데시타.

2. わたしは ろくじごろに べんきょうを して いませんでした。
   와타시와 로쿠지고로니 벵쿄-오 시테 이마센 데시타.

3. わたしは その とき しょくじを つくって いませんでした。
   와타시와 소노 토키 쇼쿠지오 츠쿳테 이마센 데시타.

4. わたしは さんじごろに にわの ざっそうを ぬいて いませんでした。
   와타시와 산지고로니 니와노 잣소-오 누이테 이마센 데시타.

5. わたしは その とうじ ぼうえいちょうに つとめて いませんでした。
   와타시와 소노 토-지 보-에-쵸-니 츠토메테 이마센 데시타.

6. わたしは その とき しゃしんを とって い

ませんでした。
```
와타시와  소노  토키  샤싱 오  톳 테 이
마셍  데시타.
```

7. わたしは さんじごろに なやを そうじして いませんでした。
```
와타시와   산  지고로니  나야오   소- 지시테
이마셍  데시타.
```

8. わたしは きょうの ごご ひるねを して いませんでした。
```
와타시와   쿄-노   고고  히루네오   시테 이
마셍  데시타.
```

9. わたしは その とき かわで およいで いませんでした。
```
와타시와   소노   토키  카와데  오요이데   이마
셍  데시타.
```

10. わたしは その とき しけんの じゅんびを して いませんでした。
```
와타시와   소노   토키  시켄노   즁  비오
시테  이마셍  데시타.
```

과거의 진행 상태를 부정하는

〈나는 + ~하고 있지 않았습니다〉형

1. 나는 그 때에 아무것도 하고 있지 않았습니다.
2. 나는 6시경에 공부를 하고 있지 않았습니다.
3. 나는 그 때에 식사를 만들고 있지 않았습니다.
4. 나는 3시경에 정원의 잡초를 뽑고 있지 않았습니다.
5. 나는 그 당시 국방부(방위청)에 근무하고 있지 않았습니다.
6. 나는 그 때 사진을 찍고 있지 않았습니다.
7. 나는 3시경에 헛간을 청소하고 있지 않았습니다.
8. 나는 오늘 오후에 낮잠을 자고 있지 않았습니다.
9. 나는 그 때에 강에서 수영을 하고 있지 않았습니다.
10. 나는 그 때에 시험 준비를 하고 있지 않았습니다.

3) つくる : 만들다
5) ぼうえいちょう : 방위청
   つとめる : 근무하다
6) しゃしんを とる : 사진을 찍다
7) そうじ : 청소
8) ひるねを する : 낮잠을 자다
9) かわ : 강
   およぐ : 수영하다

과거의 진행상태를 묻는
〈あなたは +～て いましたか〉형

1. あなたは その じかんに ねて いましたか。
   아나타와 소노 지캉 니 네테 이마시타카.

2. あなたは その とき こうじょうで はたらいて いましたか。
   아나타와 소노 토키 코-죠-데 하타라이테 이마시타카.

3. あなたは きょうの ごご みずうみで すいえいを して いましたか。
   아나타와 쿄- 노 고고 미즈우미데 스이에-오 시테 이마시타카.

4. あなたは けさ くるまを はしらせて いましたか。
   아나타와 케사 쿠루마오 하시라세테 이마시타카.

5. あなたは きのう ぶどうしゅを たくさん のんで いましたか。
   아나타와 키노- 부도-슈 오 탁상 논데 이마시타카.

6. あなたは その とき ちかてつに のって いましたか。
   아나타와 소노 토키 치카테츠니 놋테 이마시타카.

7. あなたは その とき ピアノを れんしゅうして いましたか。
   아나타와 소노 토키 피아노오 렌슈- 시테 이마시타카.

8. あなたは その とき でんわを うけて いましたか。
   아나타와 소노 토키 뎅와오 우케테 이마시타카.

9. あなたは その とき たこを あげて いましたか。
   아나타와 소노 토키 타코오 아게테 이마시타카.

10. あなたは その とき かれらを せっとくして いましたか。
    아나타와 소노 토키 카레라오 셋 토쿠시테 이마시타카.

공식 42 - 과거의 진행상태를 묻는

〈당신은 + ~하고 있었습니까〉형

1. 당신은 그 시간에 잠을 자고 있었습니까?

2. 당신은 그 때에 공장에서 일을 하고 있었습니까?

3. 당신은 오늘 오후에 호수에서 수영을 하고 있었습니까?

4. 당신은 오늘 아침 차를 몰고 있었습니까?

5. 당신은 어제 포도주를 많이 마시고 있었습니까?

6. 당신은 그 때에 지하철을 타고 있었습니까?

7. 당신은 그 때에 피아노를 연습하고 있었습니까?

8. 당신은 그 때에 전화를 받고 있었습니까?

9. 당신은 그 때에 연을 날리고 있었습니까?

10. 당신은 그 때에 그들을 설득하고 있었습니까?

---

1) ねる : 자다
2) こうじょう : 공장
3) みずうみ : 호수
   すいえい : 수영
5) たくさん : 많이
8) うける : 받다
10) せっとく : 설득

공식 43 과거의 진행 상태를 묻는

〈だれ が +～て いましたか〉형

1. だれが その とき あそこへ いって いましたか。
   다레가 소노 토키 아소코에 잇 테 이마시타카.

2. だれが その とき あなたを たすけて いましたか。
   다레가 소노 토키 아나타오 타스케테 이마시타카.

3. だれが その とき シャワーを あびて いましたか。
   다레가 소노 토키 샤와-오 아비테 이미시타기.

4. だれが その とき きちょうを して いましたか。
   다레가 소노 토키 키쵸-오 시테 이마시타카.

5. だれが その とき あなたを くるしめて いましたか。
   다레가 소노 토키 아나타오 쿠루시메테 이마시타카.

6. だれが その とき テレビに しゅつえんして いましたか。
   다레가 소노 토키 테레비니 슈 츠엔 시테 이마시타카.

7. だれが その とき あなたを こうえんして いましたか。
   다레가 소노 토키 아나타오 코-엔 시테 이마시타카.

8. だれが そのとき とうろんを しゅさいして いましたか。
   다레가 소노 토키 토-롱 오 슈사이시테 이마시타카.

9. だれが そんなに ながい じかん でんわを つかって いましたか。
   다레가 손나니 나가이 지캉 뎅와오 츠캇테 이마시타카.

10. だれが そのとき あなたに てがみを はいたつして いましたか。
    다레가 소노 토키 아나타니 테가미오 하이타츠시테 이마시타카.

공식 43

과거의 진행 상태를 묻는

〈누가 + ~하고 있었습니까?〉형

1. 누가 그 때에 거기에 가고 있었습니까?

2. 누가 그 때에 당신을 돕고 있었습니까?

3. 누가 그 때에 샤워를 하고 있었습니까?

4. 누가 그 때에 기장을 하고 있었습니까?

5. 누가 그 때에 당신을 괴롭히고 있었습니까?

6. 누가 그 때에 텔레비전에 출연하고 있었습니까?

7. 누가 그 때에 당신을 후원하고 있었습니까?

8. 누가 그 때에 토론을 주재하고 있었습니까?

9. 누가 그렇게 오랜 시간 전화를 사용하고 있었습니까?

10. 누가 그 때에 당신에게 편지를 배달하고 있었습니까?

1) あそこ : 거기
2) たすける : 돕다
4) きちょう : 기장
5) くるしめる : 괴롭히다
6) しゅつえん : 출연
7) こうえん : 후원
8) しゅさい : 주재
9) つかう : 사용하다
10) はいたつ : 배달

과거의 진행상태를 묻는

〈あなたは + ~て いましたか〉형

1. あなたは ゆうべ だれと いっしょに はたらいて いましたか。
   아나타와 유-베 다레토 잇쇼니 하타라이테 이마시타카.

2. あなたは その とき だれと いっしょに しょくじを して いましたか。
   아나타와 소노 토키 다레토 잇쇼니 쇼쿠지오 시테 이마시타카.

3. あなたは ゆうべ だれと いっしょに べんきょうして いましたか。
   아나타와 유-베 다레토 잇쇼니 벵쿄-시테 이마시타카.

4. あなたは きのう だれと いっしょに かりを して いましたか。
   아나타와 키노- 다레토 잇쇼니 카리오 시테 이마시타카.

5. あなたは その とき だれと いっしょに かいしゃを けいえいして いましたか。
   아나타와 소노 토키 다레토 잇쇼니 카이샤오 케-에-시테 이마시타카.

6. あなたは その とき だれを しかって いま

したか。
아나타와 소노 토키 다레오 시캇테 이마시타카.

7. あなたは その とき だれと きょうそうして いましたか。
아나타와 소노 토키 다레토 쿄-소-시테 이마시타카.

8. あなたは その とき だれに せっきょうを して いましたか。
아나타와 소노 토키 다레니 섹쿄-오 시테 이마시타카.

9. あなたは その とき だれと いっしょに へやを つかって いましたか。
아나타와 소노 토키 다레토 잇쇼니 헤야오 츠캇테 이마시타카.

10. あなたは その とき それに ついて だれに はなして いましたか。
아나타와 소노 토키 소레니 츠이테 다레니 하나시테 이마시타카.

과거의 진행상태를 묻는

〈당신은 + ~하고 있었습니까?〉형

1. 당신은 엊저녁에 누구와 함께 일하고 있었습니까?

2. 당신은 그 때에 누구와 함께 식사를 하고 있었습니까?

3. 당신은 어제 저녁에 누구와 함께 공부하고 있었습니까?

4. 당신은 어제 누구와 함께 사냥을 하고 있었습니까?

5. 당신은 그 때에 누구와 함께 회사를 경영하고 있었습니까?

6. 당신은 그 때에 누구를 야단치고 있었습니까?

7. 당신은 그 때에 누구와 경쟁하고 있었습니까?

8. 당신은 그 때에 누구에게 설교를 하고 있었습니까?

9. 당신은 그 때에 누구와 함께 방을 같이 쓰고 있었습니까?

10. 당신은 그 때에 그것에 대해 누구에게 말을 하고 있었습니까?

1) はたらく : 일하다
4) かり : 사냥
6) しかる : 야단치다
7) きょうそう : 경쟁
8) せっきょう : 설교
9) へや : 방

공식 45 — 과거의 진행상태를 묻는 〈かれは そのとき だれと +~て いましたか〉형

1. かれは その とき だれと いっしょに すんで いましたか。
   카레와 소노 토키 다레토 잇쇼니 슨데 이마시타카.

2. かれは それを だれに はなしを して いましたか。
   카레와 소레오 다레니 하나시오 시테 이마시타카.

3. かれは だれと いっしょに きしゃに のって いましたか。
   카레와 다레토 잇쇼니 키샤니 놋테 이마시타카.

4. かれは その とき だれと いっしょに はたらいて いましたか。
   카레와 소노 토키 다레토 잇쇼니 하타라이테 이마시타카.

5. かれは その とき だれに どなって いましたか。
   카레와 소노 토키 다레니 도낫테 이마시타카.

6. かれは その とき だれと けんかを して いましたか。
   카레와 소노 토키 다레토 켕카오 시테 이마시타카.

7. かれは その とき だれと いっしょに りく

ろで りょこうを して いましたか。

카레와 소노 토키 다레토 잇쇼니 리쿠로데 료코-오 시테 이마시타카.

8. かれは その とき だれと いっしょに それに とうしして いましたか。

카레와 소노 토키 다레토 잇쇼니 소레니 토-시시테 이마시타카.

9. かれは その とき だれを すいせんして いましたか。

카레와 소노 토키 다레오 스이센 시테 이마시타카.

10. かれは その とき だれを ひひょうして いましたか。

카레와 소노 토키 다레오 히효- 시테 이마시타카.

과거의 진행상태를 묻는
〈그는 그 때에 누구와 + ~하고 있었습니까?〉형

1. 그는 그 때에 누구와 함께 살고 있었습니까?

2. 그는 그것을 누구에게 말을 하고 있었습니까?

3. 그는 누구와 함께 기차를 타고 있었습니까?

4. 그는 그 때에 누구와 함께 일하고 있었습니까?

5. 그는 그 때에 누구에게 고함치고 있었습니까?

6. 그는 그 때에 누구와 싸우고 있었습니까?

7. 그는 그 때에 누구와 함께 육로로 여행를 하고 있었습니까?

8. 그는 그 때에 누구와 함께 그것에 투자하고 있었습니까?

9. 그는 그 때에 누구를 추천하고 있었습니까?

10. 그는 그 때에 누구를 비평하고 있었습니까?

5) どなる : 고함치다
6) けんかを する : 싸우다
7) りくろ : 육로
9) すいせん : 추천
10) ひひょう : 비평

공식 46 과거의 진행상태를 묻는

⟨あなたは その とき +～て いましたか⟩형

1. あなたは その とうじ どこへ いって いましたか。
   아나타와 소노 토-지 도코에 잇 테 이마시타카.

2. あなたは その とき くうろで どこを りょこうして いましたか。
   아나타와 소노 토키 쿠-로데 도코오 료코-시테 이마시타카.

3. あなたは その とき どこで はたらいて いましたか。
   아나타와 소노 토키 도코데 하타라이테 이마시타카.

4. あなたは その とうじ どこで ちゅうごくごを べんきょうして いましたか。
   아나타와 소노 토-지 도코데 츄-고쿠고오 벵쿄- 시테 이마시타카.

5. あなたは その とうじ どこで ひとりで くらして いましたか。
   아나타와 소노 토-지 도코데 히토리데 쿠라시테 이마시타카.

6. あなたは その とき どこで かれを まって いましたか。
   아나타와 소노 토키 도코데 카레오 맛 테

이마시타카.

7. あなたは その とき どこで じかんを すごして いましたか。
아나타와 소노 토키 도코데 지캉 오 스고시테 이마시타카.

8. あなたは その とき どこで かれらに はなして いましたか。
아나타와 소노 토키 도코데 카레라니 하나시테 이마시타카.

9. あなたは その とき どこで ひるごはんを たべて いましたか。
아나타와 소노 토키 도코데 히루고항 오 타베테 이마시타카.

10. あなたは その とき どこで ニュースを きいて いましたか。
아나타와 소노 토키 도코데 뉴- 스오 키-테 이마시타카.

과거의 진행상태를 묻는
〈당신은 그 때에 + ~하고 있었습니까?〉형

1. 당신은 그 당시 어디로 가고 있었습니까?

2. 당신은 그 때에 공로로 어디를 여행하고 있었습니까?

3. 당신은 그 때에 어디에서 일하고 있었습니까?

4. 당신은 그 당시 어디에서 중국어를 공부하고 있었습니까?

5. 당신은 그 당시 어디에서 혼자 살고 있었습니까?

6. 당신은 그 때에 어디에서 그를 기다리고 있었습니까?

7. 당신은 그 때에 어디에서 시간을 보내고 있었습니까?

8. 당신은 그 때에 어디에서 그들에게 이야기하고 있었습니까?

9. 당신은 그 때에 어디에서 점심을 먹고 있었습니까?

10. 당신은 그 때에 어디에서 뉴스를 듣고 있었습니까?

2) くろう : 공로	7) すごす : 보내다
4) ちゅうごくご : 중국어	
5) くらす : 살다	

과거의 진행 상태를 묻는
〈あなたは そのとき なにを +~て いましたか〉형

1. あなたは その とき なにを して いましたか。
   아나타와 소노 토키 나니오 시테 이마시타카.

2. あなたは その とき なにを のんで いましたか。
   아나타와 소노 토키 나니오 논데 이마시타카.

3. あなたは その とき なにを つくって いましたか。
   아나타와 소노 토키 나니오 츠쿳테 이마시타카.

4. あなたは きのう なにに ついて はなして いましたか。
   아나타와 키노- 나니니 츠이테 하나시테 이마시타카.

5. あなたは その とき なにを ゆめみて いましたか。
   아나타와 소노 토키 나니오 유메미테 이마시타카.

6. あなたは その とき なにを さがして いましたか。
   아나타와 소노 토키 나니오 사가시테 이마시타카.

7. あなたは その とき なにを ぎろんして いましたか。
   아나타와 소노 토키 나니오 기론 시테 이마시타카.

8. あなたは その とき なんの ために たたかって いましたか。
   아나타와 소노 토키 난 노 타메니 타타캇 테 이마시타카.

9. あなたは その とき なにに ふへいを もらして いましたか。
   아나타와 소노 토키 나니니 후헤-오 모라시테 이마시타카.

10. あなたは その とき なにを あらって いましたか。
    아나타와 소노 토키 나니오 아랏 테 이마시타카.

공식 47 — 과거의 진행 상태를 묻는
〈당신은 그 때에 무엇을 + ~하고 있었습니까?〉형

1. 당신은 그 때에 무엇을 하고 있었습니까?

2. 당신은 그 때에 무엇을 마시고 있었습니까?

3. 당신은 그 때에 무엇을 만들고 있었습니까?

4. 당신은 어제 무엇에 대해 이야기하고 있었습니까?

5. 당신은 그 때에 무엇을 꿈꾸고 있었습니까?

6. 당신은 그 때에 무엇을 찾고 있었습니까?

7. 당신은 그 때에 무엇을 토의하고 있었습니까?

8. 당신은 그 때에 무엇을 위해 싸우고 있었습니까?

9. 당신은 그 때에 무엇을 불평하고 있었습니까?

10. 당신은 그 때에 무엇을 빨고 있었습니까?

2) のむ : 마시다
3) つくる : 만들다
4) ~に ついて : ~에 대해
5) ゆめみる : 꿈꾸다
6) さがす : 찾다
8) ~の ために : ~을 위해
　 たたかう : 싸우다
9) ふへいを もらす : 불평하다
10) あらう : 빨다

형용사가 있는 부정문 ①

〈わたしは + 형용사 く ない〉형

1. わたしは いま ねむく ない。
   와타시와 이마 네무쿠 나이.

2. わたしは いま かわきを おぼえて いない。
   와타시와 이마 카와키오 오보에테 이나이.

3. わたしは いたく ない。
   와타시와 이타쿠 나이.

4. わたしは ねつが でて いない。
   와타시와 네츠가 데테 이나이.

5. わたしは それには がまんが できない。
   와타시와 소레니와 가망 가 데키나이.

6. わたしは かれを おそれない。
   와타시와 카레오 오소레나이.

7. わたしは それに じしんが ない。
   와타시와 소레니 지신 가 나이.

8. わたしは それに じゅんびが して いない。
   와타시와 소레니 쥼 비가 시테 이나이.

9. わたしは いま しんこくでは ない。
   와타시와 이마 싱 코쿠데와 나이.

10. わたしは しゃこうてきでは ない。
    와타시와 샤코-테키데와 나이.

공식 48 형용사가 있는 부정문 ①

〈나는 + 형용사 ~지 않다〉형

1. 나는 지금 졸리지 않다.
2. 나는 지금 갈증이 나지 않는다.
3. 나는 아프지 않다.
4. 나는 열이 나지 않다.
5. 나는 그것에는 참을 수가 없다.
6. 나는 그를 두려워하지 않는다.
7. 나는 그것에 자신이 없다.
8. 나는 그것에 준비가 없다.
9. 나는 지금 심각하지 않다.
10. 나는 사교적이지 않다.

1) ねむい : 졸립다
2) かわきを おぼえる : 갈증이 나다
3) いたい : 아프다
4) ねつが でる : 열이 나다
5) がまん : 참음
6) おそれる : 두려워하다
7) じしん : 자신
9) しんこくだ : 심각하다
10) しゃこうてき : 사교적

명사가 있는 부정문

〈わたしは + 명사では ない〉형

1. わたしは いま べんごしでは ない。
   와타시와 이마 벵고시데와 나이.

2. わたしは だいがくの きょうじゅでは ない。
   와타시와 다이가쿠노 쿄- 쥬 데와 나이.

3. わたしは いしゃでは ない。
   와타시와 이샤 데와 나이.

4. わたしは つうやくでは ない。
   와타시와 츠- 야쿠데와 나이.

5. わたしは かれの うわやくでは ない。
   와타시와 카레노 우와야쿠데와 나이.

6. わたしは ほんやくかでは ない。
   와타시와 홍 야쿠카데와 나이.

7. わたしは せいじかでは ない。
   와타시와 세-지카데와 나이.

8. わたしは しんぶんきしゃでは ない。
   와타시와 심 붕 키샤 데와 나이.

9. わたしは こうにん かいけいしでは ない。
   와타시와 코- 닝 카이케-시데와 나이.

10. わたしは その としの しちょうでは ない。
    와타시와 소노 토시노 시쵸- 데와 나이.

공식 49 — 명사가 있는 부정문
〈나는 + 명사 ~가 아니다〉형

1. 나는 지금 변호사가 아니다.
2. 나는 대학 교수는 아니다.
3. 나는 의사가 아니다.
4. 나는 통역이 아니다.
5. 나는 그의 상사는 아니다.
6. 나는 번역가가 아니다.
7. 나는 정치가가 아니다.
8. 나는 신문기자는 아니다.
9. 나는 공인 회계사는 아니다.
10. 나는 그 도시의 시장은 아니다.

2) だいがく : 대학
   きょうじゅ : 교수
4) つうやく : 통역
6) ほんやくか : 번역가
9) こうにん : 공인
   かいけいし : 회계사
10) とし : 도시
    しちょう : 시장

형용사가 있는 부정문②

〈わたしたちは + 형용사 ~く ない〉형

1. わたしたちは いま ふゆうでは ない。
   와타시타치와 이마 후유-데와 나이.

2. わたしたちは きゅうぼうでは ない。
   와타시타치와 큐-보-데와 나이.

3. わたしたちは きょう いそがしく ない。
   와타시타치와 쿄- 이소가시쿠 나이.

4. わたしたちは ふとって いない。
   와타시타치와 후톳테 이나이.

5. わたしたちは ずうずうしく ない。
   와타시타치와 즈-즈-시쿠 나이.

6. わたしたちは ごうまんでは ない。
   와타시타치와 고-만데와 나이.

7. わたしたちは せつやくして いない。
   와타시타치와 세츠야쿠시테 이나이.

8. わたしたちは せっきょくてきでは ない。
   와타시타치와 섹쿄쿠테키데와 나이.

9. わたしたちは ぶれいでは ない。
   와타시타치와 부레-데와 나이.

10. わたしたちは じかんを よく まもらない。
    와타시타치와 지캉오 요쿠 마모라나이.

공식 50 — 형용사가 있는 부정문②

〈우리는 + 형용사 ~지 않다〉형

1. 우리는 지금 부유하지 않다.

2. 우리는 궁핍하지 않다.

3. 우리는 오늘 바쁘지 않다.

4. 우리는 뚱뚱하지 않다.

5. 우리는 뻔뻔스럽지 않다.

6. 우리는 오만하지 않다.

7. 우리는 절약하지 않고 있다.

8. 우리는 적극적이지 않다.

9. 우리는 무례하지 않다.

10. 우리는 시간을 잘 지키지 않는다.

1) ふゆうだ : 부유하다
2) きゅうぼうだ : 궁핍하다
3) いそがしい : 바쁘다
4) ふとる : 뚱뚱하다
5) ずうずうしい : 뻔뻔스럽다
6) ごうまんだ : 오만하다
7) せつやく : 절약
9) ぶれいだ : 무례하다
10) よく : 잘
    まもる : 지키다

명사의 부정문

〈かれは + 명사 ~ では ない〉형

1. かれは こうばの ろうどうしゃでは ない。
   카레와 코-바노 로-도-샤 데와 나이.

2. かれは ゆうのうな べんごしでは ない。
   카레와 유-노-나 벵 고시데와 나이.

3. かれは こうむいんでは ない。
   카레와 코-무인 데와 나이.

4. かれは かいしゃいんでは ない。
   카레와 카이 샤인 데와 나이.

5. かれは にんきの ある はいゆうでは ない。
   카레와 닝 키노 아루 하이유-데와 나이.

6. かれは たのもしい せいじかでは ない。
   카레와 타노모시- 세-지카 데와 나이.

7. かのじょは うつくしい じょゆうでは ない。
   카노죠와 우츠쿠시- 죠유- 데와 나이.

8. かのじょは しんせつな いしゃでは ない。
   카노죠와 신 세츠나 이샤 데와 나이.

9. かのじょは ぎんこういんでは ない。
   카노죠와 깅 코- 인 데와 나이.

10. かのじょは かつどうてきな じょけん しんちょうろんしゃでは ない。
    카노죠와 카츠도-테키나 죠켄 신 쵸- 론샤 데와 나이.

명사의 부정문

〈그는 + 명사 ~가 아니다〉형

1. 그는 공장 노동자는 아니다.
2. 그는 유능한 변호사는 아니다.
3. 그는 공무원은 아니다.
4. 그는 회사원은 아니다.
5. 그는 인기 있는 배우는 아니다.
6. 그는 믿음직한 정치가는 아니다.
7. 그녀는 아름다운 여배우는 아니다.
8. 그녀는 친절한 의사는 아니다.
9. 그녀는 은행원이 아니다.
10. 그녀는 활동적인 여권 신장론자가 아니다.

---

1) こうば : 공장
   ろうどうしゃ : 노동자
2) ゆうのうだ : 유능하다
3) こうむいん : 공무원
5) にんき : 인기
   はいゆう : 배우
6) たのもしい : 믿음직하다
7) うつくしい : 아름답다
   じょゆう : 여배우
8) しんせつだ : 친절하다
10) かつどうてき : 활동적
    じょけん しんちょうろんしゃ :
    여권 신장론자

공식 52 — 형용사의 부정문

###〈かれらは + 형용사 ~く ない〉형

1. かれらは それで ゆうめいでは ない。
   카레라와 소레데 유-메- 데와 나이.

2. かれらは それに かんしんが ない。
   카레라와 소레니 칸 싱 가 나이.

3. かれらは わたしたちに むかんしんでは ない。
   카레라와 와타시타치니 무간 신 데와 나이.

4. かれらは わたしたちに しんせつでは ない。
   카레라와 와타시타치니 신 세츠데와 나이.

5. かれらは わたしたちに れいぎただしく ない。
   카레라와 와타시타치니 레-기타다시쿠 나이.

6. かれらは ほうしゅうに まんぞくして いない。
   카레라와 호-슈- 니 만 조쿠시테 이나이.

7. かれらは わたしたちに いばらない。
   카레라와 와타시타치니 이바라나이.

8. かれらは けんきゅうに せいこうして いない。
   카레라와 켕 큐- 니 세- 코-시테 이나이.

9. かれらは たのもしく ない。
   카레라와 타노모시쿠 나이.

10. かれらは じぶんたちの けってんを しらない。
    카레라와 지분 타치노 켓 텡 오 시라나이.

형용사의 부정문

〈그들은 + 형용사 ~하지 않다〉 형

1. 그들은 그것으로 유명하지 않다.

2. 그들은 그것에 관심이 없다.

3. 그들은 우리들에게 무관심하지 않다.

4. 그들은 우리들에게 친절하지 않다.

5. 그들은 우리들에게 예의가 바르지 않다.

6. 그들은 보수에 만족하고 있지 않다.

7. 그들은 우리들에게 으스대지 않는다.

8. 그들은 연구에서 성공하지 못하고 있다.

9. 그들은 믿을만하지 못하다.

10. 그들은 자기들의 결점을 알지 못하고 있다.

1) ゆうめいだ : 유명하다
2) かんしん : 관심
3) むかんしんだ : 무관심하다
6) ほうしゅう : 보수
　まんぞくする : 만족하다
7) いばる : 으스대다
8) けんきゅう : 연구
　せいこう : 성공
10) じぶんたち : 자기들
　けってん : 결점

공식 53 「~은 문제가 되지 않는다」를 말할 때는
〈~は もんだいに ならない〉형

1. あなたが どこへ いこうと わたしには もんだいに ならない。
   아나타가 도코에 이코-토 와타시니와 몬 다이니 나라나이.

2. かれが いつ いこうと わたしには もんだいに ならない。
   카레가 이츠 이코-토 와타시니와 몬 다이니 나라나이.

3. あなたが なにを かんがえようと もんだいに ならない。
   아나타가 나니오 캉가에요-토 몬 다이니 나라나이.

4. だれが いちばん はやく いくかは もんだいに ならない。
   다레가 이치방 하야쿠 이쿠카와 몬 다이니 나라나이.

5. わたしたちが どこに すわるかは もんだいに ならない。
   와타시타치가 도코니 스와루카와 몬 다이니 나라나이.

6. わたしたちが いつ しゅっぱつするかは もん

だいに ならない。
와타시타치가　이츠　슙　파츠스루카와　몬다이니　나라나이.

7. かのじょが どう みえるかは もんだいに ならない。
카노죠가　도-　미에루카와　몬　다이니　나라나이.

8. あなたが いつ とうちゃくするかは もんだいに ならない。
아나타가　이츠　토-쨔　쿠스루카와　몬　다이니　나라나이.

9. あなたが どんな ことばを えらぶかは もんだいに ならない。
아나타가　돈나　코토바오　에라부카와　몬　다이니　나라나이.

10. あなたが それが すきか どうかは わたしには もんだいに ならない。
아나타가　소레가　스키카　도-카와　와타시니와　몬　다이니　나라나이.

「~은 문제가 되지 않는다」를 말할 때는

「~은 문제가 되지 않는다」를 말할 때

1. 당신이 어디에 가든 나에게 문제가 되지 않는다.

2. 그가 어느 때 가든 나에게 문제가 되지 않는다.

3. 당신이 무엇을 생각하든 문제가 되지 않는다.

4. 누가 제일 먼저 가느냐는 문제가 되지 않는다.

5. 우리가 어디에 앉느냐는 문제가 되지 않는다.

6. 우리가 언제 출발하느냐는 문제가 되지 않는다.

7. 그녀가 어떻게 보이는가는 문제가 되지 않는다.

8. 당신이 언제 도착하느냐는 문제가 되지 않는다.

9. 당신이 어떤 말을 선택하느냐는 문제가 되지 않는다.

10. 당신이 그것을 좋아하느냐 않느냐는 나에게 문제가 되지 않는다.

2) いつ : 언제
3) かんがえる : 생각하다
4) はやい : 빠르다
5) すわる : 앉다
6) しゅっぱつ : 출발
7) みえる : 보이다
8) とうちゃく : 도착
9) ことば : 말
　 えらぶ : 선택하다
10) すきだ : 좋아하다

상대방 말에 맞장구 치는 법
きほん たいわ

1. A: わたしは ひしょです。
   와타시와 히쇼데스.

   B: そうですか。
   소-데스카.

2. A: わたしは くだものが とても すきです。
   와타시와 쿠다모노가 토테모 스키데스.

   B: ああ, そうですか。
   아아, 소-데스카.

3. A: わたしは フランスごが できます。
   와타시와 후란스고가 데키마스.

   B: そうですか。
   소-데스카.

4. A: わたしは カナダから きました。
   와타시와 카나다카라 키마시타.

   B: そうですか。
   소-데스카.

5. A: わたしは かいぎに さんせきする ことが できません。
   와타시와 카이기니 산세키 스루 코토가 데키마셍.

   B: そうですか。
   소-데스카.

상대방 말에 맞장구 치는 법
기본 대화

1. A : 나는 비서입니다.

   B : 그렇습니까?

2. A : 나는 과일을 매우 좋아합니다.

   B : 아, 그래요?

3. A : 나는 프랑스어를 할 수 있습니다.

   B : 그렇습니까?

4. A : 나는 캐나다에서 왔습니다.

   B : 그렇습니까?

5. A : 나는 회의에 참석할 수 없습니다.

   B : 그렇습니까?

1) A: ひしょ : 비서
2) A: くだもの : 과일
   とても : 매우
3) A: フランスご : 프랑스어
   B: できる : 할 수 있다
4) A: カナダ : 캐나다
5) A: かいぎ : 회의
   さんせき : 참석
   ～する ことが できない : ～할 수 없다

공식 54 — 일반 동사가 있는 부정문 ①

###〈わたしは + 일반동사 ~なかった〉형

1. わたしは きょう がいしょく しなかった。
   와타시와 쿄- 가이쇼쿠 시나캇 타.

2. わたしは いぬに しょくじを やらなかった。
   와타시와 이누니 쇼쿠지오 야라나캇 타.

3. わたしは かれを かいこ しなかった。
   와타시와 카레오 카이코 시나캇 타.

4. わたしは はなに みずを やらなかった。
   와타시와 하나니 미즈오 야라나캇 타.

5. わたしは かれに とうひょう しなかった。
   와타시와 카레니 토- 효- 시나캇 타.

6. わたしは かれと そうだん しなかった。
   와타시와 카레토 소-단 시나캇 타.

7. わたしは かれと いけんが いっちしなかった。
   와타시와 카레토 이켕 가 잇 치시나캇 타.

8. わたしは かれに あやまらなかった。
   와타시와 카레니 아야마라나캇 타.

9. わたしは すうがくを せんこう しなかった。
   와타시와 스-가쿠오 셍 코- 시나캇 타.

10. わたしは きのうの ばん たいおんを はからなかった。
    와타시와 키노-노 방 타이옹 오 하카라나캇 타.

일반 동사가 있는 부정문 ①

〈나는 + 일반동사 ~않았다〉형

1. 나는 오늘 외식하지 않았다.

2. 나는 개에게 식사를 주지 않았다.

3. 나는 그를 해고하지 않았다.

4. 나는 꽃에게 물을 주지 않았다.

5. 나는 그에게 투표하지 않았다.

6. 나는 그와 의논하지 않았다.

7. 나는 그와 의견이 일치하지 않았다.

8. 나는 그에게 사과하지 않았다.

9. 나는 수학을 전공하지 않았다.

10. 나는 어젯밤에 체온을 재지 않았다.

1) がいしょく : 외식
2) いぬ : 개
　 やる : 주다
3) かいこ : 해고
4) みず : 물
6) そうだん : 의논
7) いけん : 의견
　 いっち : 일치
8) あやまる : 사과하다
9) せんこう : 전공
10) たいおん : 체온
　 はかる : 재다

일반 동사가 있는 부정문 ②

〈かれは + 일반동사 ~なかった〉형

1. かれは いちにちじゅう がいしゅつしなかった。
   카레와 이치니치쥬- 가이슈츠시나캇타.

2. かれは きょねん がいこくへ でなかった。
   카레와 쿄넹 가이코쿠에 데나캇타.

3. かれは かのじょに でんぽうを うたなかった。
   카레와 카노죠니 템포-오 우타나캇타.

4. かれは どようびに やすまなかった。
   카레와 도요-비니 야스마나캇타.

5. かれは きょうの ごご ひるねを しなかった。
   카레와 쿄-노 고고 히루네오 시나캇타.

6. かれは きのうの ばん いっしょうけんめい べんきょうしなかった。
   카레와 키노-노 방 잇쇼-켐메- 벵쿄-시나캇타.

7. かれは スミスさんの ための かんげいかいへ いかなかった。
   카레와 스미스산노 타메노 캉게-카이에 이카나캇타.

8. かれは こうぎを じゅんびしなかった。
   카레와 코-기오 쥼비시나캇타.

9. かれは きのうの ばん パンを やかなかった。
   카레와 키노-노 방 팡오 야카나캇타.

10. かれは よやくを かくにんしなかった。
    카레와 요야쿠오 카쿠닝시나캇타.

일반 동사가 있는 부정문②

〈그는 + 일반동사 ~않았다〉형

1. 그는 하루종일 외출하지 않았다.

2. 그는 작년에 외국에 나가지 않았다.

3. 그는 그녀에게 전보를 치지 않았다.

4. 그는 토요일에 쉬지 않았다.

5. 그는 오늘 오후에 낮잠을 자지 않았다.

6. 그는 어젯밤에 열심히 공부하지 않았다.

7. 그는 스미스씨를 위한 환영회에 가지 않았다.

8. 그는 강의를 준비하지 않았다.

9. 그는 어젯밤에 빵을 굽지 않았다.

10. 그는 예약을 확인하지 않았다.

1) いちにちじゅう : 하루종일
   がいしゅつ : 외출
2) きょねん : 작년
3) でんぽうを うつ : 전보를 치다
4) どようび : 토요일
5) ひるね : 낮잠
6) いっしょうけんめい : 열심히
7) かんげいかい : 환영회
8) こうぎ : 강의
9) パンを やく : 빵을 굽다
10) かくにん : 확인

일반동사가 있는 부정문 ③

〈かのじょは + 일반 동사 ~なかった〉형

1. かのじょは きょう はたらきに こなかった。
   카노죠 와 쿄- 하타라키니 코나캇 타.

2. かのじょは いちにちじゅう なにも たべなかった。
   카노죠 와 이치니치 쥬- 나니모 타베나캇 타.

3. かのじょは しょうしんしなかった。
   카노죠 와 쇼- 신 시나캇 타.

4. かのじょは わたしたちの ようきゅうを うけいれなかった。
   카노죠 와 와타시타치노 요- 큐- 오 우케이레나캇 타.

5. かのじょは きのう テレビに しゅつえんしなかった。
   카노죠 와 키노- 테레비니 슈 츠엔시나캇 타.

6. かのじょは かれらの しょうたいに おうじなかった。
   카노죠 와 카레라노 쇼- 타이니 오-지나캇 타.

7. かのじょは れきしの ろんぶんを ていしゅつしなかった。
   카노죠 와 렉 시노 롬 붕 오 테- 슈 츠시나캇 타.

8. かのじょは その ていぎを うけいれるのに ためらわなかった。
   카노죠 와 소노 테- 기오 우케이레루노니 타메라와나캇 타.

9. かのじょは テニスの しあいに かてなかった。
   카노죠 와 테니스노 시아이니 카테나캇 타.

10. かのじょは きのうの ひるごはんを よういしなかった。
    카노죠 와 키노-노 히루고항 오 요-이시나캇 타.

일반동사가 있는 부정문 ③

〈그녀는 + 일반 동사 ~않았다〉형

1. 그녀는 오늘 일하러 오지 않았다.
2. 그녀는 하루종일 아무것도 먹지 않았다.
3. 그녀는 승진을 하지 않았다.
4. 그녀는 우리의 요구를 받아들이지 않았다.
5. 그녀는 어제 TV에 출연하지 않았다.
6. 그녀는 그들의 초대에 응하지 않았다.
7. 그녀는 역사 논문을 제출하지 않았다.
8. 그녀는 그 제의를 받아들이는데 주저하지 않았다.
9. 그녀는 테니스 시합을 이기지 못했다.
10. 그녀는 어제 점심을 준비하지 않았다.

1) はたらきに : 일하러
4) ようきゅう : 요구
   うけいれる : 받아 들이다
6) おうじる : 응하다
7) れきし : 역사
   ろんぶん : 논문
8) ためらう : 주저하다
9) しあい : 시합

일반동사가 있는 부정문④

〈かれらは + 일반동사 ~なかった〉형

1. かれらは それを わすれなかった。
   카레라와 소레오 와스레나캇 타.

2. かれらは わたしたちを しょうたいしなかった。
   카레라와 와타시타치오 쇼- 타이시나캇 타.

3. かれらは わたしたちに さんかしなかった。
   카레라와 와타시타치니 상 카시나캇 타.

4. かれらは それを むししなかった。
   카레라와 소레오 무시시나캇 타.

5. かれらは それを わたしに まかせなかった。
   카레라와 소레오 와타시니 마카세나캇 타.

6. かれらは ちかみちを えらばなかった。
   카레라와 치카미치오 에라바나캇 타.

7. かれらは わたしと れんらくしなかった。
   카레라와 와타시토 렌 라쿠시나캇 타.

8. かれらは わたしたちと つきあわなかった。
   카레라와 와타시타치토 츠키아와나캇 타.

9. かれらは わたしの えんぜつに みみを かたむけなかった。
   카레라와 와타시노 엔 제츠니 미미오 카타무케나캇 타.

10. かれらは うしに えさを やらなかった。
    카레라와 우시니 에사오 야라나캇 타.

일반동사가 있는 부정문 ④

〈그들은 + 일반동사 ~않았다〉형

1. 그들은 그것을 잊어버리지 않았다.

2. 그들은 우리들을 초대하지 않았다.

3. 그들은 우리에게 참가하지 않았다.

4. 그들은 그것을 무시하지 않았다.

5. 그들은 그것을 나에게 맡기지 않았다.

6. 그들은 지름길을 택하지 않았다.

7. 그들은 나와 연락하지 않았다.

8. 그들은 우리들과 교제하지 않았다.

9. 그들은 나의 연설에 귀를 기울이지 않았다.

10. 그들은 소에게 사료를 주지 않았다.

---

1) わすれる : 잊어버리다	7) れんらく : 연락
3) さんか : 참가	8) つきあう : 교제하다
5) まかせる : 맡기다	9) みみを かたむける : 귀를 기울이다
6) ちかみち : 지름길	10) えさ : 사료, 먹이

형용사의 부정문①

〈わたしは+~く なかった〉형

1. わたしは その ときには すんなりして いなかった。
   와타시와 소노 토키니와 슨나리시테 이나캇타.

2. わたしは その ときには いたく なかった。
   와타시와 소노 토키니와 이타쿠 나캇타.

3. わたしは きのうの ばんは ねつが なかった。
   와타시와 키노-노 방와 네츠가 나캇타.

4. わたしは その ときには にんたいりょくが なかった。
   와타시와 소노 토키니와 닌타이료쿠가 나캇타.

5. わたしは その ときには しんこうしんが あつく なかった。
   와타시와 소노 토키니와 싱코-싱가 아츠쿠 나캇타.

6. わたしは かれを おそれなかった。
   와타시와 카레오 오소레나캇타.

7. わたしは その とこには そっちょくでは なかった。
   와타시와 소노 토키니와 솟쵸쿠데와 나캇타.

8. わたしは パーティーに おくれなかった。
   와타시와 파-티- 니 오쿠레나캇타.

9. わたしは その ときには ものおじしなかった。
   와타시와 소노 토키니와 모노오지시나캇타.

10. わたしは その ときには おやに たよらなかった。
    와타시와 소노 토키니와 오야니 타요라나캇타.

형용사의 부정문 ①

〈나는 + ~하지 않았다〉형

1. 나는 그 때에는 날씬하지 않았다.

2. 나는 그 때에는 아프지 않았다.

3. 나는 어젯밤에는 열이 있지 않았다.

4. 나는 그 때에는 인내심이 없었다.

5. 나는 그 때에는 신앙심이 깊지 않았다.

6. 나는 그를 두려워하지 않았다.

7. 나는 그 때에는 솔직하지 않았다.

8. 나는 파티에 늦지 않았다.

9. 나는 그 때에는 겁이 없었다.

10. 나는 그 때에는 부모에게 의존하지 않았다.

1) すんなり : 날씬한 모양
3) ねつ : 열
4) にんたくりょく : 인내력
5) しんこうしん : 신앙심
   あつい : 두텁다. 깊다
6) おそれる : 두려워하다
7) そっちょくだ : 솔직하다
8) おくれる : 늦다
9) ものおじする : 겁내다
10) たよる : 의지하다

명사 부정문②

##〈わたしは + 명사 ~では なかった〉형

1. わたしは きょねん べんごしでは なかった。
   와타시와 쿄넨 벵고시데와 나캇타.

2. わたしは きょねん だいがくの きょうじゅでは なかった。
   와타시와 쿄넨 다이가쿠노 쿄-쥬데와 나캇타.

3. わたしは きょねん ほんやくかでは なかった。
   와타시와 쿄넹 홍야쿠카데와 나캇타.

4. わたしは きょねん せいじかでは なかった。
   와타시와 쿄넨 세-지카데와 나캇타.

5. わたしは きょねん がいこうかんでは なかった。
   와타시와 쿄넹 가이코-칸데와 나캇타.

6. わたしは きょねん けいさつかんでは なかった。
   와타시와 쿄넹 케-사츠칸데와 나캇타.

7. わたしは きょねん しんぶんきしゃでは なかった。
   와타시와 쿄넨 심붕키샤데와 나캇타.

8. わたしは その とうじ かれの したしい なかまでは なかった。
   와타시와 소노 토-지 카레노 시타시- 나카마데와 나캇타.

9. わたしは きょねん しはいにんでは なかった。
   와타시와 쿄넨 시하이닌데와 나캇타.

10. わたしは きょねん こうにん かいけいしでは なかった。
    와타시와 쿄넹 코-닝 카이케-시데와 나캇타.

명사 부정문②

⟨나는 + 명사 ~는 아니었다⟩형

1. 나는 작년에 변호사는 아니었다.
2. 나는 작년에 대학 교수는 아니었다.
3. 나는 작년에 번역가는 아니었다.
4. 나는 작년에 정치가는 아니었다.
5. 나는 작년에 외교관은 아니었다.
6. 나는 작년에 경찰관은 아니었다.
7. 나는 작년에 신문기자는 아니었다.
8. 나는 그 당시 그의 친밀한 동료는 아니었다.
9. 나는 작년에 지배인은 아니었다.
10. 나는 작년에 공인 회계사는 아니었다.

---

5) がいこうかん : 외교관
6) けいさつかん : 경찰관
8) したしい : 친하다.
　 なかま : 동료

9) しはいにん : 지배인

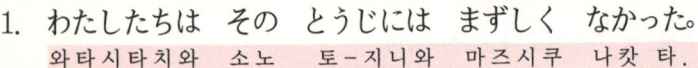

1. わたしたちは その とうじには まずしく なかった。
   와타시타치와 소노 토-지니와 마즈시쿠 나캇 타.

2. わたしたちは きょうの ごぜん ひまでは なかった。
   와타시타치와 쿄- 노 고젱 히마데와 나캇 타.

3. わたしたちは まえは ふとって いなかった。
   와타시타치와 마에와 후톳 테 이나캇 타.

4. わたしたちは まえは やせて いなかった。
   와타시타치와 마에와 야세테 이나캇 타.

5. わたしたちは まえは ぶれいでは なかった。
   와타시타치와 마에와 부레-데와 나캇 타.

6. わたしたちは まえは ずうずうしく なかった。
   와타시타치와 마에와 즈-즈-시쿠 나캇 타.

7. わたしたちは まえは せっきょくてきでは なかった。
   와타시타치와 마에와 섹쿄 쿠테키데와 나캇 타.

8. わたしたちは まえは しゃこうてきでは なかった。
   와타시타치와 마에와 샤코- 테키데와 나캇 타.

9. わたしたちは その とうじには かんだいでは なかった。
   와타시타치와 소노 토-지니와 칸 다이데와 나캇 타.

10. わたしたちは その とうじには ごうりてきでは なかった。
    와타시타치와 소노 토-지니와 고- 리테키데와 나캇 타.

형용사 부정문 ③
〈우리는 + 형용사 ~하지 않았다〉형

1. 우리는 그 당시에는 가난하지 않았다.

2. 우리는 오늘 오전에 한가하지 않았다.

3. 우리는 전에는 살이 찌지 않았다.

4. 우리는 전에는 야위지 않았다.

5. 우리는 전에는 무례하지 않았다.

6. 우리는 전에는 뻔뻔스럽지 않았다.

7. 우리는 전에는 적극적이지 않았다.

8. 우리는 전에는 사교적이지 않았다.

9. 우리는 그 당시에는 관대하지 않았다.

10. 우리는 그 당시에는 합리적이지 않았다.

---

1) まずしい : 가난하다
2) ひまだ : 한가하다
3) ふとる : 살 찌다
4) やせる : 야위다
10) ごうりてき : 합리적

공식 61 — 형용사 부정문 ④

〈かのじょは+형용사 では なかった〉

1. かのじょは りこてきでは なかった。
   카노죠 와 리코테키데와 나캇 타.

2. かのじょは わたしに しんせつでは なかった。
   카노죠 와 와타시니 신 세츠데와 나캇 타.

3. かのじょは わたしに おこらなかった。
   카노죠 와 와타시니 오코라나캇 타.

4. かのじょは せつやくしなかった。
   카노죠 와 세츠야쿠시나캇 타.

5. かのじょは しんこうしんが あつく なかった。
   카노죠 와 싱 코- 싱가 아츠쿠 나캇 타.

6. かのじょは かんだいでは なかった。
   카노죠 와 칸 다이데와 나캇 타.

7. かのじょは ほがらかでは なかった。
   카노죠 와 호가라카데와 나캇 타.

8. かのじょは ぶれいでは なかった。
   카노죠 와 부레-데와 나캇 타.

9. かのじょは みりょくてきでは なかった。
   카노죠 와 미료 쿠테키데와 나캇 타.

10. かのじょは ずうずうしく なかった。
    카노죠 와 즈- 즈-시쿠 나캇 타.

형용사 부정문 ④

〈그녀는 + 형용사 ~하지 않았다〉

1. 그녀는 이기적이지 않았다.

2. 그녀는 나에게 친절하지 않았다.

3. 그녀는 나에게 화내지 않았다.

4. 그녀는 절약하지 않았다.

5. 그녀는 신앙심이 깊지 않았다.

6. 그녀는 관대하지 않았다.

7. 그녀는 쾌활하지 않았다.

8. 그녀는 무례하지 않았다.

9. 그녀는 매력적이지 않았다.

10. 그녀는 뻔뻔하지 않았다.

1) りこてきだ : 이기적이다　　　7) ほがらかだ : 쾌활하다
3) おこる : 화내다　　　　　　　9) みりょくてきだ : 매력적이다
4) せつやく : 절약

명사 부정문 ⑤

〈かれは + 명사 ~では なかった〉형

1. かれは ゆうのうな べんごしでは なかった。
   카레와 유-노-나 벵고시데와 나캇타.

2. かれは しんせつな いしゃでは なかった。
   카레와 신세츠나 이샤데와 나캇타.

3. かれは ゆうのうな せいじかでは なかった。
   카레와 유-노-나 세-지카데와 나캇타.

4. かれは きんべんな ろうどうしゃでは なかった。
   카레와 킴벤나 로-도-샤데와 나캇타.

5. かれは ぎんこういんでは なかった。
   카레와 깅코-인데와 나캇타.

6. かれは かいしゃいんでは なかった。
   카레와 카이샤인데와 나캇타.

7. かれは こうむいんでは なかった。
   카레와 코-무인데와 나캇타.

8. かれは ゆうのうな げいのうじんでは なかった。
   카레와 유-노-나 게-노-진데와 나캇타.

9. かれは にんきの ある かしゅでは なかった。
   카레와 닝키노 아루 카슈데와 나캇타.

10. かれは しんじられる ともだちでは なかった。
    카레와 신지라레루 토모다치데와 나캇타.

공식 62 명사 부정문 ⑤

〈그는 + 명사 ~는 아니었다〉형

1. 그는 유능한 변호사는 아니었다.
2. 그는 친절한 의사는 아니었다.
3. 그는 유능한 정치가는 아니었다.
4. 그는 근면한 노동자는 아니었다.
5. 그는 은행원은 아니었다.
6. 그는 회사원은 아니었다.
7. 그는 공무원은 아니었다.
8. 그는 유능한 예능인은 아니었다.
9. 그는 인기 있는 가수는 아니었다.
10. 그는 믿을 수 있는 친구는 아니었다.

1) ゆうのうだ : 유능하다
4) きんべんだ : 근면하다
   ろうどうしゃ : 노동자
8) げいのうじん : 예능인
9) にんき : 인기
   かしゅ : 가수
10) しんじられる : 믿을 수 있다

형용사 부정문 ⑥
〈かれの ~は+~では なかった〉형

1. かれの ちゅうこくは ゆうようでは なかった。
   카레노 츄-코쿠와 유-요-데와 나캇타.

2. その パーティーは たのしく なかった。
   소노 파-티-와 타노시쿠 나캇타.

3. かれの じょうほうは せいかくでは なかった。
   카레노 죠-호-와 세-카쿠데와 나캇타.

4. かれの べっそうは うみから ちかく なかった。
   카레노 벳소-와 우미카라 치카쿠 나캇타.

5. その レストランは こんで いなかった。
   소노 레스토랑와 콘데 이나캇타.

6. かれの いえは えきから とおく なかった。
   카레노 이에와 에키카라 토-쿠 나캇타.

7. かれの じむしつは しちょうから ちかくは なかった。
   카레노 지무시츠와 시쵸-카라 치카쿠와 나캇타.

8. かれの ひしょは わたしに しんせつでは なかった。
   카레노 히쇼와 와타시니 신세츠데와 나캇타.

9. その こうぎは けいもうてきでは なかった。
   소노 코-기와 케-모-테키데와 나캇타.

10. シカゴは その とうじには きけんでは なかった。
    시카고와 소노 토-지니와 키켄데와 나캇타.

형용사 부정문 ⑥
<그의 ~은 + ~하지 않았다>형

1. 그의 충고는 유용하지 않았다.

2. 그 파티는 즐거웁지 않았다.

3. 그의 정보는 정확하지 않았다.

4. 그의 별장은 바다 가까이에 있지 않았다.

5. 그 음식점은 붐비지 않았다.

6. 그의 집은 역에서 멀지 않았다.

7. 그의 사무실은 시청에서 가깝지는 않았다.

8. 그의 비서는 나에게 친절하지 않았다.

9. 그 강의는 계몽적이지 않았다.

10. 시카고는 그 당시에는 위험스럽지 않았다.

---

1) ちゅうこく : 충고
   ゆうよう : 유용
2) たのしい : 즐겁다
3) じょうほう : 정보
   せいかくだ : 정확하다
4) べっそう : 별장
   うみ : 바다   とおい : 멀다
5) こむ : 붐비다
6) いえ : 집
7) じむしつ : 사무실
   しちょう : 시청
   ちかい : 가깝다
9) けいもうてきだ : 계몽적이다
10) きけんだ : 위험하다

공식 64 — 형용사 부정문 ⑦

〈かれらは + 형용사 ~では なかった〉형

1. かれらは わたしたちに しんせつでは なかった。
   카레라와   와타시타치니   신 세츠데와   나캇 타.

2. かれらは わたしたちに おこらなかった。
   카레라와   와타시타치니   오코라나캇 타.

3. かれらは わたしたちに れいぎただしく なかった。
   카레라와   와타시타치니   레-기타다시쿠   나캇 타.

4. かれらは わたしたちに いばらなかった。
   카레라와   와타시타치니   이바라나캇 타.

5. かれらは かがくに きょうみが なかった。
   카레라와   카가쿠니   쿄- 미가   나캇 타.

6. かれらは その とうじ それで ゆうめいでは なかった。
   카레라와   소노 토-지   소레데   유-메- 데와   나캇 타.

7. かれらは かれらの しゅうにゅうに まんぞくして いなかった。
   카레라와 카레라노 슈- 뉴- 니 만 조쿠시테 이나캇 타.

8. かれらは その とうじ せいこうして いなかった。
   카레라와   소노 토- 지   세- 코-시테   이나캇 타.

9. かれらは その とうじ きちが なかった。
   카레라와   소노 토-지   키치가   나캇 타.

10. かれらは わたしたちに かんだいでは なかった。
    카레라와   와타시타치니   칸 다이데와   나캇 타.

형용사 부정문 ⑦
〈그들은 + 형용사 ~하지 않았다〉형

1. 그들은 우리들에게 친절하지 않았다.

2. 그들은 우리들에게 화내지 않았다.

3. 그들은 우리들에게 예의바르지 않았다.

4. 그들은 우리들에게 으스대지 않았다.

5. 그들은 과학에 흥미가 있지 않았다.

6. 그들은 그 당시에 그것으로 유명하지 않았다.

7. 그들은 그들의 수입에 만족하지 않았다.

8. 그들은 그 당시에 성공하지 않았다.

9. 그들은 그 당시에 기지가 있지 않았다.

10. 그들은 우리들에게 관대하지 않았다.

---

4) いばる : 으스대다
5) かがく : 과학
　きょうみ : 흥미
6) ゆうめいだ : 유명하다
7) しゅうにゅう : 수입
　まんぞく : 만족
9) きち : 기지

공식 65 — 형용사 부정문 ⑧
〈かれらは + 형용사 ~では なかった〉형

1. かれらは けいさんてきでは なかった。
   카레라와 케-산 테키데와 나캇 타.

2. かれらは きんべんでは なかった。
   카레라와 킴 벤 데와 나캇 타.

3. かれらは ごうまんでは なかった。
   카레라와 고-만 데와 나캇 타.

4. かれらは こうふんしなかった。
   카레라와 코- 훈 시나캇 타.

5. かれらは しつぼうしなかった。
   카레라와 시츠보- 시나캇 타.

6. かれらは しょうきょくてきでは なかった。
   카레라와 쇼 -쿄 쿠테키데와 나캇 타.

7. かれらは へんけんを もって いなかった。
   카레라와 헹 켕 오 못 테 이나캇 타.

8. かれらは わたしの ていぎに かんしんが なかった。
   카레라와 와타시노 테-기니 칸 싱가 나캇 타.

9. かれらは その とうじには らっかんてきでは なかった。
   카레라와 소노 토-지니와 락 칸 테키데와 나캇 타.

10. かれらは まえは えいきょうりょくが なかった。
    카레라와 마에와 에-쿄- 료쿠가 나캇 타.

형용사 부정문⑧

〈그들은 + 형용사 ~지 않았다〉형

1. 그들은 계산적이지 않았다.
2. 그들은 근면하지 않았다.
3. 그들은 거만하지 않았다.
4. 그들은 흥분하지 않았다.
5. 그들은 실망하지 않았다.
6. 그들은 소극적이지 않았다.
7. 그들은 편견을 가지지 않았다.
8. 그들은 나의 제의에 관심이 있지 않았다.
9. 그들은 그 당시에는 낙관적이지 않았다.
10. 그들은 전에는 영향력이 있지 않았다.

----
1) けいさんてきだ : 계산적이다	6) しょうきょくてきだ : 소극적이다
2) きんべんだ : 근면하다	7) へんけん : 편견
3) ごうまんだ : 거만하다	8) ていぎ : 제의
4) こうふん : 흥분	9) らっかんてきだ : 낙관적이다
5) しつぼう : 실망	10) えいきょうりょく : 영향력

공식 66 「나는 …을 하였다」를 말 할 때는

〈わたしは + 동사 ~た〉형

1. わたしは しゅくだいを おえた。
   와타시와 슈 쿠다이오 오에타.

2. わたしは けっこんした。
   와타시와 켁 콘 시타.

3. わたしは うんてんめんきょを とった。
   와타시와 운템 멩 쿄오 톳타.

4. わたしは アメリカから かえって きた。
   와타시와 아메리카카라 카엣 테 키타.

5. わたしは きょう ジムに まちで あった。
   와타시와 쿄- 지무니 마치데 앗 타.

6. わたしは ひこうきの きっぷを かった。
   와타시와 히코- 키노 킵 푸오 캇 타.

7. わたしは パリへ いって きた。
   와타시와 파리에 잇 테 키타.

8. わたしは いい けしゅくを みつけた。
   와타시와 이- 케슈 쿠오 미츠케타.

9. かれは ヨーロッパへ たった。
   카레와 요- 롭 파에 탓 타.

10. かれは しんがたの くるまを こうにゅうした。
    카레와 싱 가타노 쿠루마오 코-뉴- 시타.

공식 66 「나는 …을 하였다」를 말 할 때는
⟨나는 + 동사 ~였다⟩형

1. 나는 숙제를 끝마쳤다.
2. 나는 결혼을 했다.
3. 나는 운전면허를 땄다.
4. 나는 미국에서 돌아왔다.
5. 나는 오늘 짐을 거리에서 만났나.
6. 나는 비행기표를 샀다.
7. 나는 파리에 갔다왔다.
8. 나는 좋은 하숙집을 발견했다.
9. 그는 유럽으로 떠났다.
10. 그는 신형 차를 구입하였다.

1) しゅくだい : 숙제
2) けっこん : 결혼
3) うんてんめんきょ : 운전면허
4) かえって くる : 돌아오다
5) まち : 거리
6) きっぷ : 표
8) けしゅく : 하숙
   みつける : 발견하다
10) しんがた : 신형
    こうにゅう : 구입

분명히 이해하지 못했을 때
きほん たいわ

1. A: もう いちど いって くださいませんか。
   모- 이치도 잇 테 쿠다사이마셍 카.

   B: ええ, いいです。
   에-, 이-데스.

2. A: もう いちど おっしゃって くださいませんか。
   모- 이치도 옷 샷 테 쿠다사이마셍 카.

   B: もちろんです。
   모치론 데스.

3. A: あなたは なにを はなしましたか。
   아나타와 나니오 하나시마시타카.

   B: もう いちど もうしあげます。
   모- 이치도 모-시아게마스.

4. A: すみませんが, あなたの はなしが りかい できませんでした。
   스미마셍 가, 아나타노 하나시가 리카이 데키마셍 데시타.

   B: いいです。 また おはなしします。
   이- 데스. 마타 오하나시시마스.

5. A: わたしが いった ことばが りかい できましたか。
   와타시가 잇 타 코토바가 리카이 데키마시타카.

   B: いいえ, りかい できませんでした。
   이-에, 리카이 데키마셍 데시타.

분명히 이해하지 못했을 때
기본 대화

1. A : 다시 한 번 말해 줄 수 있으십니까?

   B : 예, 좋습니다.

2. A : 다시 한 번 말해주시겠습니까?

   B : 물론입니다.

3. A : 당신은 무엇을 말하였습니까?

   B : 다시 말해드리겠습니다.

4. A : 죄송합니다만, 당신의 말을 이해하지 못했습니다.

   B : 좋습니다. 다시 말해드리겠습니다.

5. A : 내가 한 말을 이해했습니까?

   B : 아니오, 이해하지 못했습니다.

1) A: もう いちど : 한번 더
   ださいませんか : 줄 수 있습니까?
2) A: おっしゃる : 말씀하다
   B: もちろん : 물론
3) A: はなす : 말하다
   B: もうしあげる : 말해 드리다
4) A: はなし : 말
   りかい : 이해
5) A: ことば : 말

「결코 ~하지 못하였다」를 말 할 때는

〈わたしは ~を けっして ~た ことが ない〉형

1. わたしは そんなに おもしろい はなしを けっして きいた ことが ない。
   와타시와 손나니 오모시로이 하나시오 켓시테 키-타 코토가 나이.

2. わたしは そんなに こうこつに させる ほんを けっして よんだ ことが ない。
   와타시와 손나니 코-코츠니 사세루 홍오 켓시테 욘다 코토가 나이.

3. わたしは そんなに おろかな しつもんを けっして した ことが ない。
   와타시와 손나니 오로카나 시츠몽오 켓시테 시타 코토가 나이.

4. わたしは そんなに みりょくてきな うたを けっして うたった ことが ない。
   와타시와 손나니 미료쿠테키나 우타오 켓시테 우탓타 코토가 나이.

5. わたしは そんなに おいしい コーヒーを けっして のんだ ことが ない。
   와타시와 손나니 오이시- 코-히-오 켓시테 논다 코토가 나이.

6. わたしは そんなに おいしい パイを けっし

て やいた ことが ない。
와타시와 손 나니 오이시- 파이오 켓 시테 야이타 코토가 나이.

7. わたしは そんなに ながい えんぜつを けっして きいた ことが ない。
와타시와 손 나니 나가이 엔제츠오 켓 시테 키-타 코토가 나이.

8. わたしは そんなに すごい てんじかいへ けっして いった ことが ない。
와타시와 손 나니 스고이 텐지카이에 켓 시테 잇 타 코토가 나이.

9. わたしは そんなに おおい ねったいぎょを けっして みた ことが ない。
와타시와 손 나니 오-이 넷타이교 오 켓 시테 미타 코토가 나이.

10. わたしは そんなに たくさんの ハンバーガーを けっして たべた ことが ない。
와타시와 손 나니 탁 산 노 함 바-가-오 켓 시테 타베타 코토가 나이.

공식 67

「결코 ~하지 못하였다」를 말 할 때는

〈나는 ~을 결코 ~본 일이 없다〉형

1. 나는 그렇게 재미있는 이야기를 결코 들어 본 일이 없다.

2. 나는 그렇게 황홀케하는 책을 결코 읽어 본 일이 없다.

3. 나는 그렇게 우둔한 질문을 결코 물어 본 일이 없다.

4. 나는 그렇게 매력적인 노래를 결코 불러 본 일이 없다.

5. 나는 그렇게 맛있는 커피를 결코 먹어 본 일이 없다.

6. 나는 그렇게 맛있는 파이를 결코 구워 본 일이 없다.

7. 나는 그렇게 긴 연설을 결코 들어 본 일이 없다.

8. 나는 그렇게 대단한 전시회를 결코 가 본 일이 없다.

9. 나는 그렇게 많은 열대어를 결코 본 일이 없다.

10. 나는 그렇게 많은 햄버거를 결코 먹어 본 일이 없다.

1) おもしろい : 재미있다
2) こうこつ : 황홀
3) おろかだ : 우둔하다
   しつもん : 질문
4) みりょくてきだ : 매력적이다
5) おいしい : 맛있다
6) パイ : 파이
7) ながい : 길다
8) すごい : 대단하다, 굉장하다
   てんじかい : 전시회
9) ねったいぎょ : 열대어
10) ハンバーガー : 햄버거

「~하였습니까?」를 말 할 때는
〈あなたは + ~しましたか〉형

1. あなたは ニューヨークしゅっしんの しゅくじょと けっこんしましたか。
   아나타와 뉴-요-쿠 슛신노 슈쿠죠토 켁콘 시마시타카.

2. あなたは うんてんめんきょの しけんに ごうかくしましたか。
   아나타와 운템 멩쿄노 시켄니 고-카쿠시마시타카.

3. あなたは しがんする だいがくを きめましたか。
   아나타와 시간스루 다이가쿠오 키메마시타카.

4. あなたは きょう トムに あいましたか。
   아나타와 쿄- 토무니 아이마시타카.

5. あなたは その しょるいに ぜんぶ かきこみましたか。
   아나타와 소노 쇼루이니 젬부 카키코미마시타카.

6. あなたは ロンドンへ いって きましたか。
   아나타와 론동에 잇테 키마시타카.

7. あなたは かうべき おみやげを きめましたか。
   아나타와 카우베키 오미야게오 키메마시타카.

8. あなたの おとうさんは アメリカから おかえりに なりましたか。

169

아나타노 오토-상 와 아메리카카라 오카에리니 나리마시타카.

9. かのじょは ニューヨークから かえって きましたか。
카노죠 와 뉴- 요-쿠카라 카엣 테 키마시타카.

10. ロバートは ヨーロッパへ たちましたか。
로바-토와 요-롭 파에 타치마시타카.

공식 68 「~하였습니까?」를 말 할 때는
<당신은 + ~하였습니까>형

1. 당신은 뉴욕 출신의 숙녀와 결혼하였습니까?
2. 당신은 운전면허 시험에 합격하였습니까?
3. 당신은 지원한 대학을 결정하였습니까?
4. 당신은 오늘 톰을 만났습니까?
5. 당신은 그 서류들을 다 써넣었습니까?
6. 당신은 런던에 갔다 왔습니까?
7. 당신은 사야 할 선물을 결정하였습니까?
8. 당신의 아버지는 미국에서 돌아오셨습니까?
9. 그녀는 뉴욕에서 돌아왔습니까?
10. 로버트는 유럽으로 떠났습니까?

---

1) しゅっしん : 출신
   しゅくじょ : 숙녀
2) うんてんめんきょ : 운전면허
   ごうかく : 합격
3) しがん : 지원
   きめる : 결정하다
5) しょるい : 서류
   ぜんぶ : 전부
   かきこむ : 써 넣다
7) ~べき : ~해야 할
   おみやげ : 선물
10) たつ : 떠나다

공식 69 「예약·계획」을 의미하는

〈わたしは + ～する よていだ〉형

1. わたしは てんしょくする よていだ。
   와타시와 텐 쇼쿠 스루 요테-다.

2. わたしは いえを うる よていだ。
   와타시와 이에오 우루 요테-다.

3. わたしは かれに こんばん あう よていだ。
   와타시와 카레니 콤 방 아우 요테-다.

4. わたしは ソウルえきで おりる よていだ。
   와타시와 소-루에키데 오리루 요테-다.

5. わたしは ことしの なつ ヨーロッパへ いく よていだ。
   와타시와 코토시노 나츠 요-롭 파에 이쿠 요테-다.

6. わたしは らいねん いえを かう よていだ。
   와타시와 라이넹 이에오 카우 요테-다.

7. わたしは らいしゅうの げつようびまで この ホテルに とまる よていだ。
   와타시와 라이슈-노 게츠요-비마데 코노 호테루니 토마루 요테-다.

8. わたしは あした あなたに ひるごはんを おごる つもりだ。
   와타시와 아시타 아나타니 히루고항 오 오고루 츠모리다.

9. わたしは ことしの なつを フロリダで おくる よていだ。
   와타시와 코토시노 나츠오 후로리다데 오쿠루 요테-다.

10. わたしは あたらしい いえへ ひっこして いく よていだ。
    와타시와 아타라시- 이에에 힉 코시테 이쿠 요테-다.

「예약·계획」을 의미하는
〈나는 + ~할 예정이다〉형

1. 나는 전직할 예정이다.
2. 나는 집을 팔 예정이다.
3. 나는 그를 오늘 저녁 만날 예정이다.
4. 나는 서울역에서 내릴 예정이다.
5. 나는 금년 여름에 유럽에 갈 예정이다.
6. 나는 내년에 집을 살 예정이다.
7. 나는 다음주 월요일까지 이 호텔에 머무를 예정이다.
8. 나는 내일 당신에게 점심을 사 줄려고 한다.
9. 나는 금년 여름을 플로리다에서 보낼 예정이다.
10. 나는 새 집으로 이사갈 예정이다.

1) てんしょく : 전직
   よてい : 예정
2) うる : 팔다
4) おりる : 내리다
5) ことし : 금년
   なつ : 여름
6) らいねん : 내년
   かう : 사다
7) らいしゅう : 다음주
8) おごる : 사주다
   つもり : 생각, 작정
9) おくる : 보내다
10) ひっこす : 이사하다

「예정·계획」을 의미하는
〈わたしたちは +〜しようと して いる〉형

1. わたしたちは あした パーティーを ひらこうと して いる。
   와타시타치와 아시타 파-티- 오 히라코-토 시테 이루.

2. わたしたちは ろくがつまで ひっこして いこうと して いる。
   와타시타치와 로쿠가츠마데 힉 코시테 이코-토 시테 이루.

3. わたしたちは しんがたの くるまを こうにゅうしようと して いる。
   와타시타치와 싱 가타노 쿠루마오 코-뉴- 시요-토 시테 이루.

4. わたしたちは あなたを パーティーへ しょうたいしようと して いる。
   와타시타치와 아나타오 파-티- 에 쇼- 타이 시요-토 시테 이루.

5. わたしたちは かれを らいげつ しょうしん させようと して いる。
   와타시타치와 카레오 라이게츠 쇼- 신 사세요-토 시테 이루.

6. わたしたちは ごにんの はんばいいんを やとおうと して いる。
   와타시타치와 고닌 노 함 바이-잉오 야토오-토 시테 이루.

7. わたしたちは その せいきゅうしょを すぐ しはらおうと して いる。
   와타시타치와 소노 세-큐- 쇼 오 스구 시하라오-토 시테 이루.

8. わたしたちは らいしゅう その ざんがくを しはらおうと して いる。
   와타시타치와 라이 슈- 소노 장 가쿠오 시하라오-토 시테 이루.

9. わたしたちは ごじゅうにんを かいこ しようと して いる。
   와타시타치와 고쥬- 닝 오 카이코 시요-토 시테 이루.

10. わたしたちは かれを ほかの してんへ てんきんさせようと して いる。
    와타시타치와 카레오 호카노 시텡 에 텡 킨 사세요-토 시테 이루.

「예정·계획」을 의미하는
<우리는 + ~하려고 한다>형

1. 우리는 내일 파티를 열려고 한다.

2. 우리는 6월까지 이사가려고 한다.

3. 우리는 신형차를 구입하려고 한다.

4. 우리는 당신을 파티에 초대하려고 한다.

5. 우리는 그를 다음달에 승진시키려고 한다.

6. 우리는 5명의 판매원을 고용하려고 한다.

7. 우리는 그 청구서를 곧 지불하려고 한다.

8. 우리는 다음주에 그 잔액을 지불하려고 한다.

9. 우리는 50명을 해고하려고 한다.

10. 우리는 그를 다른 지점으로 전근시키려고 한다.

---

1) ひらく : 열다
3) こうにゅう : 구입
4) しょうたい : 초대
5) らいげつ : 다음달
   ~させる : ~시키다
6) はんばいいん : 판매원
6) やとう : 고용하다
7) せいきゅうしょ : 청구서
   しはらう : 지불하다
8) ざんがく : 잔액
9) かいこ : 해고
10) てんきん : 전근

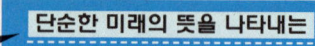

〈~しそうだ〉형

1. あした あめが ふりそうだ。
   아시타 아메가 후리소-다.

2. こんばんは ゆきが はげしく ふりそうだ。
   콤 방와 유키가 하게시쿠 후리소-다.

3. こんばんは きりさめが ふりそうだ。
   콤 방와 키리사메가 후리소-다.

4. きょうの ごごには かぜが つよく ふきそうだ。
   쿄- 노 고고니와 카제가 츠요쿠 후키소-다.

5. あしたは てんきが よさそうだ。
   아시타와 텡 키가 요사소-다.

6. あしたは かぜが つよそうだ。
   아시타와 카제가 츠요소-다.

7. ことしの なつは むしあつそうだ。
   코토시노 나츠와 무시아츠소-다.

8. あしたは てんきが くもりそうだ。
   아시타와 텡 키가 쿠모리소-다.

9. てんきが まもなく さむく なりそうだ。
   텡 키가 마모나쿠 사무쿠 나리소-다.

10. きょうの ごごには そよかぜが ふきそうだ。
    쿄- 노 고고니와 소요카제가 후키소-다.

공식 71: 단순한 미래의 뜻을 나타내는 〈~ 할 것 같다〉형

1. 내일 비가 올 것 같다.
2. 오늘 밤에는 눈이 심하게 내릴 것 같다.
3. 오늘 밤에는 이슬비가 내릴 것 같다.
4. 오늘 오후에는 바람이 심하게 불 것 같다.
5. 내일은 날씨가 좋을 것 같다.
6. 내일은 바람이 셀 것 같다.
7. 올 여름에는 무더울 것 같다.
8. 내일은 날씨가 흐릴 것 같다.
9. 날씨가 곧 추워질 것 같다.
10. 오늘 오후에는 산들바람이 불 것 같다.

1) あめ : 비
   ふる : 내리다
2) はげしい : 심하다
3) きりさめ : 이슬비
4) かぜ : 바람
5) てんき : 날씨
6) つよい : 강하다
7) むしあつい : 무덥다
8) くもる : 흐리다
9) まもなく : 곧
10) そよかぜ : 산들바람

미래의 뜻을 나타내는

〈3인칭 주어 + しそうだ〉형

1. かれは すぐ びょうきに なるだろう。
   카레와 스구 뵤-키니 나루다로-.

2. かれは しょうらいに せいこうするだろう。
   카레와 쇼-라이니 세-코-스루다로-.

3. かれは あたらしい じぎょうに せいこうするだろう。
   카레와 아타라시- 지교-니 세-코-스루다로-.

4. この ふきょうは しばらく つづきそうだ。
   코노 후쿄-와 시바라쿠 츠즈키소-다.

5. ぶっかは もっと あがりそうだ。
   붓카와 못토 아가리소-다.

6. とちの ねだんは もっと おちそうだ。
   토치노 네당와 못토 오치소-다.

7. あなたの かいしゃは しょうらいに おおきく せいちょうするだろう。
   아나타노 카이샤와 쇼-라이니 오-키쿠 세-쵸-스루다로-.

8. せきゆの ねだんは ちかい しょうらいに きゅうとうするだろう。
   세키유노 네당와 치카이 쇼-라이니 큐-토-스루다로-.

9. この きは やすく きりそうでも ない。
   코노 키와 야스쿠 키리소-데모 나이.

10. かれの かいしゃは すぐ とうさんしそうだ。
    카레노 카이샤와 스구 토-산시소-다.

공식 72 — 미래의 뜻을 나타내는 〈3인칭 주어 + ~할 것 같다〉형

1. 그는 곧 병들 것이다.
2. 그는 장래에 성공할 것이다.
3. 그는 새로운 사업에 성공할 것이다.
4. 이 불황은 얼마간 지속될 것 같다.
5. 물가는 더 오를 것 같다.
6. 토지 가격은 더 떨어질 것 같다.
7. 당신의 회사는 장래에 크게 성장할 것이다.
8. 석유 가격은 가까운 장래에 급등할 것 같다.
9. 이 나무는 쉽게 베어지지 않을 것 같다.
10. 그의 회사는 곧 도산될 것 같다.

1) びょうき : 병
2) せいこう : 성공
3) じぎょう : 사업
4) ふきょう : 불황
   しばらく : 얼마간
5) ぶっか : 물가
   あがる : 오르다
6) とち : 토지
   ねだん : 가격
   おちる : 떨어지다
7) せいちょう : 성장
8) せきゆ : 석유
   きゅうとう : 급등
10) とうさん : 도산

* 제안·충고·초대하는 법
きほん たいわ

1. A: いっしょに えいがを みに いこう。
   잇쇼니 에-가오 미니 이코-.

   B: うん、そう しよう。
   응, 소- 시요-.

2. A: わたしたちは タクシーに のらなければ ならないの?
   와타시타치와 타쿠시-니 노라나케레바 나라나이노?

   B: いや、ちかてつに のろう。その ほうが もっと はやい。
   이야, 치카테츠니 노로-. 소노 호-가 못토 하야이.

3. A: いっしょに ひるごはん たべるのは どう?
   잇쇼니 히루고항 타베루노와 도-?

   B: それは とても いい かんがえだね。
   소레와 토테모 이- 캉가에다네.

4. A: かさを もって いった ほうが いいと おもう。
   카사오 못테 잇타 호-가 이-토 오모-.

   B: ありがとう。そう するわ。
   아리가토-. 소- 스루와.

5. A: トマスに たすけを もとめたら どう?
   토마스니 타스케오 모토메타라 도-?

   B: かれが たすけて くれると ほんとうに おもうの?
   카레가 타스케테 쿠레루토 혼토-니 오모-노?

* 제안 · 충고 · 초대하는 법
기본 대화

1. A : 함께 영화보러 가자.

   B : 응, 그렇게 하자.

2. A : 우리는 택시 타고 가야 하나?

   B : 아니, 지하철을 타자. 그것이 더 빨라.

3. A : 함께 점심먹는 것이 어때?

   B : 그것 참 좋은 생각이야.

4. A : 우산을 가지고 가는 것이 더 좋을 거야.

   B : 고마워. 그렇게 하겠어.

5. A : 토마스한테 도움을 요청해 보지 그래?

   B : 그가 도와 줄 거라고 정말 생각하니?

---

2) A: ～なければ ならない : ～해야 한다　　5) A: たすけ : 도움
   B: もっと : 더　　　　　　　　　　　　　　 もとめる : 요청하다
3) A: どう : 어때　　　　　　　　　　　　　 B: ～て くれる : ～해 주다
   B: かんがえ : 생각　　　　　　　　　　　　 ほんとう : 정말
4) A: かさ : 우산
   ～た ほうが いい : ～하는 것이 좋다

「예정・계획」의 뜻을 나타내는

〈あなたは +〜する つもりですか〉형

1. あなたは かれらの ていぎを うけいれる つもりですか。
   아나타와 카레라노 테-기오 우케이레루 츠모리데스카.

2. あなたは かれらの しょうたいを ことわる つもりですか。
   아나타와 카레라노 쇼- 타이오 코토와루 츠모리데스카.

3. あなたは かさいほけんに かにゅうする つもりですか。
   아나타와 카사이호켄니 카뉴- 스루 츠모리데스카.

4. あなたは こっかいぎいんに りっこうほする つもりですか。
   아나타와 콕 카이 기인니 릭 코-호 스루 츠모리데스카.

5. あなたは かれと なかよく すごす つもりですか。
   아나타와 카레토 나카요쿠 스고스 츠모리데스카.

6. あなたは かれを さむさの なかへ おいだす つもりですか。
   아나타와 카레오 사무사노 나카에 오이다스 츠모리데스카.

7. あなたは この みせを ちんたいする つもりですか。
   아나타와 코노 미세오 친 타이스루 츠모리데스카.

8. あなたは ニューヨークタイムズに こうこくを だす つもりですか。
   아나타와 뉴- 요-쿠타이무즈니 코-코쿠오 다스 츠모리데스카.

9. あなたは この ざっしに こうこくを だす つもりですか。
   아나타와 코노 잣 시니 코-코쿠오 다스 츠모리데스카.

10. あなたは みんしゅとうの こうほとして しゅつばする つもりですか。
    아나타와 민 슈 토-노 코-호토시테 슈 츠바스루 츠모리데스카.

공식 73

「예정·계획」의 뜻을 나타내는

〈당신은 + ~할 예정입니까〉형

1. 당신은 그들의 제의를 받아들일 예정입니까?
2. 당신은 그들의 초청을 거절할 의향이십니까?
3. 당신은 화재보험에 가입할 예정입니까?
4. 당신은 국회의원에 입후보할 예정입니까?
5. 당신은 그와 사이좋게 지낼 예정입니까?
6. 당신은 그를 추위 속에 내쫓을 생각입니까?
7. 당신은 이 상점을 임대할 예정입니까?
8. 당신은 뉴욕 타임즈에 광고를 낼 예정입니까?
9. 당신은 이 잡지에 광고를 낼 생각입니까?
10. 당신은 민주당 후보로 출마할 예정입니까?

1) うけいれる : 받아들이다
2) ことわる : 거절하다
3) かさいほけん : 화재보험
   かにゅう : 가입
4) こっかいぎいん : 국회의원
   りっこうほ : 입후보
5) すごす : 지내다
6) さむさ : 추위
   おいだす : 내쫓다
7) ちんたい : 임대
8) こうこく : 광고
10) みんしゅとう : 민주당
    こうほ : 후보
    しゅつば : 출마

의지 미래를 나타내는

〈わたしが + 의지동사〉형

1. わたしが あした ここへ きます。
   와타시가 아시타 코코에 키마스.

2. わたしが それを もう いちど やって みます。
   와타시가 소레오 모- 이치도 얏테 미마스.

3. わたしが これで きめます。
   와타시가 코레데 키메마스.

4. わたしが あなたを ゆるします。
   와타시가 아나타오 유루시마스.

5. わたしが あしたの あさ でんわします。
   와타시가 아시타노 아사 뎅와시마스.

6. わたしが あなたを ハワイまで つれて いきます。
   와타시가 아나타오 하와이마데 츠레테 이키마스.

7. わたしが その じじつを かれに ただちに しらせます。
   와타시가 소노 지지츠오 카레니 타다치니 시라세마스.

8. わたしが それを わすれます。
   와타시가 소레오 와스레마스.

9. わたしは せいめいほけんに かにゅうします。
   와타시와 세-메-호켄 니 카뉴- 시마스.

10. わたしが ひしょに でんごんを のこします。
    와타시가 히쇼 니 뎅공 오 노코시마스.

의지 미래를 나타내는
〈 내가 + 의지동사〉형

1. 내가 내일 여기에 오겠습니다.

2. 내가 그것을 한번 더 해 보겠습니다.

3. 내가 이것으로 결정하겠습니다.

4. 내가 당신을 용서하겠습니다.

5. 내가 내일 아침 전화하겠습니다.

6. 내가 당신을 하와이까지 데리고 가겠습니다.

7. 내가 그 사실을 그에게 곧 알려주겠습니다.

8. 내가 그것을 잊겠습니다.

9. 나는 생명보험에 가입하겠습니다.

10. 내가 비서에게 전언을 남기겠습니다.

---

2) もう いちど : 한번 더 やって みる : 해보다	8) わすれる : 잊다 9) せいめい : 생명
4) ゆるす : 용서하다	10) でんごん : 전언
6) つれて いく : 데리고 가다	のこす : 남기다
7) じじつ : 사실 ただちに : 곧 しらせる : 알려주다	

단순 미래를 나타내는

〈わたしは + 무의지 동사 ~だろう〉형

1. わたしは きしゃに のりおくれるだろう。
   와타시와 키샤니 노리오쿠레루다로-.

2. わたしは あなたとの ゆうじょうを なつかしむだろう。
   와타시와 아나타토노 유-죠- 오 나츠카시무다로-.

3. わたしは アメリカで かんこくりょうりを なつかしむだろう。
   와타시와 아메리카데 캉 코쿠료-리오 나츠카시무다로-.

4. わたしは かれと やくそくを するだろう。
   와타시와 카레토 야쿠소쿠오 스루다로-.

5. わたしは それに きょうみを うしなうだろう。
   와타시와 소레니 쿄-미오 우시나우다로-.

6. わたしは あとで それを おもいだすだろう。
   와타시와 아토데 소레오 오모이다스다로-.

7. わたしは すぐ それに ついて わすれるだろう。
   와타시와 스구 소레니 츠이테 와스레루다로-.

8. わたしは ながいきするだろう。
   와타시와 나가이키스루다로-.

9. わたしは かれが すぐ きらいに なるだろう。
   와타시와 카레가 스구 키라이니 나루다로-.

10. わたしは とちゅうで みちに まようだろう。
    와타시와 토츄-데 미치니 마요-다로-.

단순 미래를 나타내는
〈나는 + 무의지 동사 ~할 것이다〉형

1. 나는 기차를 타지 못할 것이다.

2. 나는 너의 우정을 그리워할 것이다.

3. 나는 미국에서 한국음식을 그리워할 것이다.

4. 나는 그와 약속을 할 것이다.

5. 나는 그것에 흥미를 잃어버릴 것이다.

6. 나는 나중에 그것을 기억해낼 것이다.

7. 나는 곧 그것에 대해 잊어버릴 것이다.

8. 나는 장수를 할 것이다.

9. 나는 그를 곧 싫어할 것이다.

10. 나는 도중에 길을 잃게 될 것이다.

---

1) のりおくれる : 타지 못하다
2) ゆうじょう : 우정
   なつかしむ : 그리워하다
5) きょうみ : 흥미
   うしなう : 잃어 버리다
6) あとで : 나중에
   おもいだす : 기억해내다
7) わすれる : 잊다
8) ながいき : 장수
10) みちに まよう : 길을 잃다

공식 76 단순 미래를 의미하는

〈わたしは + ～だろう〉형

1. わたしは ことしの ごがつに はたちに なるだろう。
   와타시와 코토시노 고가츠니 하타치니 나루다로-.

2. わたしは らいしゅうは いそがしいだろう。
   와타시와 라이 슈- 와 이소가시-다로-.

3. わたしは かいぎに おくれるだろう。
   와타시와 카이기니 오쿠레루다로-.

4. わたしは しょうごまえに おなかが すくだろう。
   와타시와 쇼-고마에니 오나카가 스쿠다로-.

5. わたしは らいねん しはいにんに なるだろう。
   와타시와 라이넨 시하이닌니 나루다로-.

6. わたしは ていこくに あそこへ いくだろう。
   와타시와 테-코쿠니 아소코에 이쿠다로-.

7. わたしは しょうらいには こうふくに なるだろう。
   와타시와 쇼- 라이니와 코-후쿠니 나루다로-.

8. わたしは あした ひまだろう。
   와타시와 아시타 히마다로-.

9. わたしは あとで ホームシックに かかるだろう。
   와타시와 아토데 호-무식 쿠니 카카루다로-.

10. わたしは すぐ つかれるだろう。
    와타시와 스구 츠카레루다로-.

단순 미래를 의미하는

〈나는 + ~할 것이다〉형

1. 나는 금년 5월에 20살이 될 것이다.
2. 나는 다음주에는 분주할 것이다.
3. 나는 회의에 늦을 것이다.
4. 나는 정오전에 배가 고플 것이다.
5. 나는 내년에 지배인이 될 것이디.
6. 나는 정각에 거기에 갈 것이다.
7. 나는 장래에는 행복할 것이다.
8. 나는 내일 한가할 것이다.
9. 나는 나중에 향수병에 걸릴 것이다.
10. 나는 곧 피곤할 것이다.

---

1) はたち : 20살	6) ていこく : 정각
3) おくれる : 늦다	7) こうふく : 행복
4) しょうごまえ : 정오전	9) ホームシック ; 향수병
おなかが すく : 배가 고프다	かかる : 걸리다
5) しはいにん : 지배인	10) つかれる : 피곤하다

공식 77 — 단순 미래를 의미하는 〈きみは + 무의지 동사 ~だろう〉형

1. きみは インフルエンザに かかるだろう。
   키미와 인후루엔자니 카카루다로-.

2. たぶん きみは かぜが なおるだろう。
   타붕 키미와 카제가 나오루다로-.

3. きみは わるい しゅうかんを こくふくするだろう。
   키미와 와루이 슈-캉오 코쿠후쿠스루다로-.

4. たぶん きみは わたしたちに はらを たつだろう。
   타붕 키미와 와타시타치니 하라오 타츠다로-.

5. たぶん きみは それを あとで おもいだすだろう。
   타붕 키미와 소레오 아토데 오모이다스다로-.

6. たぶん きみは また かぜを ひくだろう。
   타붕 키미와 마타 카제오 히쿠다로-.

7. たぶん きみは ひとつきぐらい たつと かいふくするだろう。
   타붕 키미와 히토츠키구라이 타츠토 카이후쿠스루다로-.

8. たぶん きみは こんどは それに せいこうするだろう。
   타붕 키미와 콘도와 소레니 세-코-스루다로-.

9. たぶん よるに きみは ねつが でるだろう。
   타붕 요루니 키미와 네츠가 데루다로-.

10. たぶん きみは しんきの ベンチャーじぎょうに せいこうするだろう。
    타붕 키미와 싱키노 벤챠-지교-니 세-코-스루다로-.

단순 미래를 의미하는
##〈너는 + 무의지 동사 ~할 것이다〉형

1. 너는 독감에 걸릴 것이다.
2. 아마도 너는 감기에서 나을 것이다.
3. 너는 나쁜 습관을 극복할 것이다.
4. 아마도 너는 우리에게 화를 낼 것이다.
5. 아마도 너는 그것을 나중에 생각해 낼 것이다.
6. 아마도 너는 다시 감기에 걸릴 것이다.
7. 아마도 너는 한달 정도 지나면 회복할 것이다.
8. 아마도 너는 이번에는 그것에 성공할 것이다.
9. 아마도 밤에 너는 열이 날 것이다.
10. 아마도 너는 신규 벤처 사업에 성공할 것이다.

1) インフルエンザ : 독감
2) なおる : 낫다
3) しゅうかん : 습관
   こくふく : 극복
4) たぶん : 아마도
   はらを たつ : 화를 내다
7) ひとつき : 한달
   かいふく : 회복
8) こんど : 이번
9) ねつが でる : 열이 나다
10) しんき : 신규
    ベンチャー : 벤처

단순 미래를 의미하는

〈きみは + ～する だろう〉형

1. きみは たぶん それが すぐ すきに なる だろう。
   키미와 타분 소레가 스구 스키니 나루 다로-.

2. きみは おんがくかいに おくれる だろう。
   키미와 옹 각 카이니 오쿠레루 다로-.

3. きみは あしたまで よく なる だろう。
   키미와 아시타마데 요쿠 나루 다로-.

4. きみは いつか かれに はらを たつ だろう。
   키미와 이츠카 카레니 하라오 타츠 다로-.

5. きみは かれらに うんざりする だろう。
   키미와 카레라니 운 자리스루 다로-.

6. きみは かれの けいかくに おどろく だろう。
   키미와 카레노 케- 카쿠니 오도로쿠 다로-.

7. きみは キャプテンに せんしゅつされる だろう。
   키미와 캬 푸텐니 센 슈 츠사레루 다로-.

8. きみは かれに うんざりする だろう。
   키미와 카레니 운 자리스루 다로-.

9. きみは らいねん しょうしんする だろう。
   키미와 라이넨 쇼- 신 스루 다로-.

10. きみは いつか させんされる だろう。
    키미와 이츠카 사센 사레루 다로-.

공식 78. 단순 미래를 의미하는 〈너는 + ~할 것이다〉형

1. 너는 아마도 그것을 곧 좋아할 것이다.

2. 너는 음악회에 늦을 것이다.

3. 너는 내일까지 좋아질 것이다.

4. 너는 언젠가 그에게 화를 낼 것이다.

5. 너는 그들에게 넌더리가 날 것이다.

6. 너는 그의 계획에 놀랄 것이다.

7. 너는 주장으로 선출될 것이다.

8. 너는 그에게 진저리가 날 것이다.

9. 너는 내년에 승진할 것이다.

10. 너는 조만간 좌천될 것이다.

---

2) おんがくかい: 음악회
3) よく なる: 좋아지다
5) うんざり する: 넌더리가 나다
6) おどろく: 놀라다
   けいかく: 계획
7) キャプテン: 주장
   せんしゅつ: 선출
10) いつか: 조만간
    させん: 좌천

단순 미래를 의미하는

〈かれは +～する だろう〉형

1. かれは その そしょうに やぶれる だろう。
   카레와 소노 소쇼- 니 야부레루 다로-.

2. かれは いっとうしょうを もらう だろう。
   카레와 잇 토- 쇼- 오 모라우 다로-.

3. かれは テニスの しあいに かつ だろう。
   카레와 테니스노 시아이니 카츠 다로-.

4. かれは ノーベル ぶんがくしょうを もらう だろう。
   카레와 노- 베루 붕 가쿠 쇼- 오 모라우 다로-.

5. かれは パーティーに さんせき できない だろう。
   카레와 파-티- 니 산세키 데키나이 다로-.

6. かれは じぶんの おやから しかられる だろう。
   카레와 지분노 오야카라 시카라레루 다로-.

7. かれは じぶんの つまより ながいきする だろう。
   카레와 지분 노 츠마요리 나가이키스루 다로-.

8. かれは この ふきょうで くろうする だろう。
   카레와 코노 후쿄- 데 쿠로-스루 다로-.

9. かれは ひとめで かのじょに ほれる だろう。
   카레와 히토메데 카노죠 니 호레루 다로-.

10. かれは ふこうで くるしみを うける だろう。
    카레와 후코- 데 쿠루시미오 우케루 다로-.

공식 79 — 단순 미래를 의미하는 〈그는 + ~할 것이다〉형

1. 그는 그 소송에 패할 것이다.
2. 그는 일등상을 탈 것이다.
3. 그는 테니스 시합에 이길 것이다.
4. 그는 노벨문학상을 받을 것이다.
5. 그는 파티에 참가하지 못할 것이다.
6. 그는 자기 부모에게서 꾸지람을 들을 것이다.
7. 그는 자기 아내보다 더 오래 살 것이다.
8. 그는 이 불황으로 고생할 것이다.
9. 그는 첫눈에 그 여자에게 반할 것이다.
10. 그는 불행으로 고통을 받을 것이다.

1) そしょう : 소송
   やぶれる : 패하다
2) いっとうしょう : 일등상
   もらう : 받다
3) しあい : 시합
4) ぶんがくしょう : 문학상
5) さんせき : 참석
6) じぶん : 자기
   おや : 부모
7) つま : 아내
   ~より : ~보다
8) くろう : 고생
9) ひとめで : 첫눈에
   ほれる : 반하다
10) ふこう : 불행

단순 미래를 의미하는
<3인칭 + 무의지동사 ~だろう>형

1. こんばんは こおりが はるだろう。
   콤방와 코-리가 하루다로-.

2. こんばんは きりさめが ふるだろう。
   콤방와 키리사메가 후루다로-.

3. こんやは どしゃぶりに あめが ふりそそぐだろう。
   콩야와 도샤 부리니 아메가 후리소소구다로-.

4. この ゆきは あしたまで なく なるだろう。
   코노 유키와 아시타마데 나쿠 나루다로-.

5. ぶっかは つづけて あがるだろう。
   북카와 츠즈케테 아가루다로-.

6. せきゆの ねだんは ちかい しょうらいに きゅうとうするだろう。
   세키유노 네당와 치카이 쇼-라이니 큐-토-스루다로-.

7. ソウルの とちの ねだんは しょうらい きゅうとうするだろう。
   소-루노 토치노 네당와 쇼-라이 큐-토-스루다로-.

8. かれの かいしゃは はやかれおそかれ とうさんするだろう。
   카레노 카이샤와 하야카레오소카레 토-산 스루다로-.

9. かれの ねつは こんばんで しずまるだろう。
   카레노 네츠와 콤반데 시즈마루다로-.

10. ドルは ことしの ねんまつまでは きりあげに なるだろう。
    도루와 코토시노 넴 마츠마데와 키리아게니 나루다로-.

단순 미래를 의미하는
〈3인칭 + 무의지동사 ~할 것이다〉형

1. 오늘 저녁에는 얼음이 얼 것이다.

2. 오늘 저녁에는 이슬비가 올 것이다.

3. 오늘 밤에는 억수로 비가 퍼부을 것이다.

4. 이 눈은 내일까지 없어질 것이다.

5. 물기는 계속해서 오를 것이다.

6. 석유 가격은 가까운 장래에 급등할 것이다.

7. 서울 땅값은 장래에 급등할 것이다.

8. 그의 회사는 조만간 도산할 것이다.

9. 그의 열은 오늘 밤으로 가라앉을 것이다.

10. 달러는 금년 말까지는 절상될 것이다.

1) こおり : 얼음 　 はる : 얼다	6) しょうらい : 장래 　 きゅうとう : 급등
3) どしゃぶりに : 억수로 　 ふりそそぐ : 퍼붓다	7) とち : 땅
4) ゆき : 눈	8) はやかれおそかれ : 조만간
5) つづけて : 계속해서	9) しずまる : 가라앉다
	10) きりさげ : 절상

공식 81

의뢰할 때 사용하는

〈あなたは + 의지동사 ~て くださいませんか〉형

1. あなたは あした わたしに でんわして くださいませんか。
   아나타와 아시타 와타시니 뎅 와시테 쿠다사이마셍 카.

2. あなたは あとで ここへ きますか。
   아나타와 아토데 코코에 키마스카.

3. あなたは あさって そこへ いきますか。
   아나타와 아삿테 소코에 이키마스카.

4. あなたは しばらく ここに とまりますか。
   아나타와 시바라쿠 코코니 토마리마스카.

5. あなたは わたしに くるまを かして くださいませんか。
   아나타와 와타시니 쿠루마오 카시테 쿠다사이마셍 카.

6. あなたは わたしに トムを つれて きて くださいませんか。
   아나타와 와타시니 토무오 츠레테 키테 쿠다사이마셍 카.

7. あなたは わたしに コーヒーを いれて くださいませんか。
   아나타와 와타시니 코-히-오 이레테 쿠다사이마셍 카.

8. あなたは こんげつまつまでに ざんがくを しはらいますか。
   아나타와 콩 게츠마츠마데니 장 가쿠오 시하라이마스카.

9. あなたは しゅうまつまでに ほんを へんきゃくしますか。
   아나타와 슈- 마츠마데니 홍오 헹 캬 쿠시마스카.

10. あなたは きょうまで かれと れんらくを とりますか。
    아나타와 쿄- 마데 카레토 렌 라쿠오 토리마스카.

공식 81 — 의뢰할 때 사용하는
〈あなたは + 의지동사 ~て くださいませんか〉형

1. 당신은 내일 나에게 전화해 주겠습니까?

2. 당신은 후에 여기에 오겠습니까?

3. 당신은 모레 그곳에 가겠습니까?

4. 당신은 잠시 여기에 머무르겠습니까?

5. 당신은 나에게 차를 빌려 주겠습니까?

6. 당신은 나에게 톰을 데려다 주겠습니까?

7. 당신은 나에게 커피를 만들어 주겠습니까?

8. 당신은 이달 말까지 잔금을 지불하겠습니까?

9. 당신은 주말까지 책을 반환하겠습니까?

10. 당신은 오늘까지 그와 연락을 취하겠습니까?

2) あとで : 나중에	7) いれる : 타다
3) あさって : 모레	8) こんげつまつ : 이달말
4) しばらく : 잠시	ざんがく : 잔액
5) かす : 빌다	9) へんきゃく : 반환
6) つれて くる : 데려오다	10) れんらく : 연락

부탁이나 의뢰하는 법
きほん たいわ

1. A: ここでは ちょっと きんえんを して くださいませんか。
   코코데와 촛 토 킹 엥 오 시테 쿠다사이마셍 카.

   B: はい, わかりました。
   하이, 와카리마시타.

2. A: あしたの あさ ろくじに わたしを おこして くださいませんか。
   아시타노 아사 로쿠지니 와타시오 오코시테 쿠다사이마셍 카.

   B: はい, そう します。
   하이, 소- 시마스.

3. A: らいしゅうの はじめに でんわを して くださいませんか。
   라이슈- 노 하지메니 뎅 와오 시테 쿠다사이마셍 카.

   B: そう しましょう。 げつようの あさに おでんわします。
   소- 시마 쇼-. 게츠요-노 아사니 오뎅 와시마스.

4. A: ドアを ちょっと しめて くださいませんか。
   도아오 촛 토시메테 쿠다사이마셍 카.

   B: もちろんです。
   모치론 데스.

5. A: この ほんを かして くだされば ありがたいですが。
   코노 홍 오 카시테 쿠다사레바 아리가타이데스가.

   B: よろこんで そう します。
   요로콘 데 소- 시마스.

부탁이나 의뢰하는 법
기본 대화

1. A : 이곳에서는 금연을 좀 해 주시지 않겠습니까?

   B : 예, 알겠습니다.

2. A : 내일 아침 6시에 저를 깨워 주시겠습니까?

   B : 예, 그렇게 하겠습니다.

3. A : 다음주 초에 전화 좀 해주시겠습니까?

   B : 그러지요. 월요일 아침에 전화하겠습니다.

4. A : 문을 좀 닫아주시겠습니까?

   B : 물론입니다.

5. A : 이 책을 빌려주시면 감사하겠습니다.

   B : 기꺼이 그렇게 하겠습니다.

1) A: きんえん : 금연
   B: わかりました : 알겠습니다
2) A: おこす : 깨우다
3) A: らいしゅうの はじめ : 다음주 초
4) A: ドア : 문
   しめる : 닫다
5) B: よろこんで : 기꺼이

단순 미래를 의미하는

〈あなたは + ～でしょうか〉형

1. あなたは あしたの ごごは おひまでしょうか。
   아나타와 아시타노 고고와 오히마데쇼- 카.

2. あなたは ぎょうむで いそがしいでしょうか。
   아나타와 교- 무데 이소가시-데쇼- 카.

3. あなたは かいぎに おくれるでしょうか。
   아나타와 카이기니 오쿠레루데쇼- 카.

4. あなたは かようびの ごぜんまで よく なるでしょうか。
   아나타와 카요-비노 고젬마데 요쿠 나루데쇼- 카.

5. あなたは ことしの ごがつで にじゅうごさいに なるでしょうか。
   아나타와 코토시노 고가츠데 니쥬- 고사이니 나루데쇼- 카.

6. あなたは かいしゃで しょうしんするでしょうか。
   아나타와 카이샤데 쇼- 신 스루데쇼- 카.

7. あなたは ハーバードだいがくへ にゅうがくに なるでしょうか。
   아나타와 하-바- 도다이가쿠에 뉴- 가쿠니 나루데쇼- 카.

8. あなたは かれらの ひひょうを うけるでしょうか。
   아나타와 카레라노 히효- 오 우케루데쇼- 카.

9. あなたは ほかの ぶしょへ てんしゅつに なるでしょうか。
   아나타와 호카노 부쇼에 텐 슈 츠니 나루데쇼- 카.

10. あなたは あした せんやくが ありますか。
    아나타와 아시타 셍 야쿠가 아리마스카.

단순 미래를 의미하는

〈당신은 + ~겠습니까?〉형

1. 당신은 내일 오후에는 한가하겠습니까?

2. 당신은 업무로 바쁘시겠습니까?

3. 당신은 회의에 늦겠습니까?

4. 당신은 화요일 오전까지 좋아지겠습니까?

5. 당신은 금년 5월로 25세가 되겠습니까?

6. 당신은 회사에서 승진하겠습니까?

7. 당신은 하버드대학에 입학되겠습니까?

8. 당신은 그들의 비평을 받겠습니까?

9. 당신은 다른 부서로 전출되겠습니까?

10. 당신은 내일 선약이 있습니까?

2) ぎょうむ : 업무
4) かようび : 화요일
5) ごがつ : 5월
7) にゅうがく : 입학
8) ひひょう : 비평
9) てんしゅつ : 전출
10) せんやく : 선약

단순 미래를 의미하는

〈かれが + 무의지동사 ~でしょうか〉형

1. かれが ひこうきに のることが できないでしょうか。
   카레가 히코-키니 노루코토가 데키나이데쇼- 카.

2. かれが わたしたちを きおくするでしょうか。
   카레가 와타시타치오 키오쿠스루데쇼- 카.

3. かれが まちで みちに まようでしょうか。
   카레가 마치데 미치니 마요-데쇼- 카.

4. かれが じぶんの あやまちに きが つくでしょうか。
   카레가 지분 노 아야마치니 키가 츠쿠데쇼- 카.

5. かれが そしょうに かつでしょうか。
   카레가 소쇼- 니 카츠데쇼- 카.

6. かれが その しあいに まけるでしょうか。
   카레가 소노 시아이니 마케루데쇼- 카.

7. かれが それを じっこうするでしょうか。
   카레가 소레오 직 코- 스루데쇼- 카.

8. かれが しょうしんの しけんに ごうかくするでしょうか。
   카레가 쇼- 신노 시켄 니 고-카쿠스루데쇼- 카.

9. かれが じぎょうに しっぱいするでしょうか。
   카레가 지교- 니 십 파이스루데쇼- 카.

10. かれが やくそくを まもるでしょうか。
    카레가 야쿠소쿠오 마모루데쇼- 카.

단순 미래를 의미하는
〈그가 + 무의지동사 ~할 까요?〉형

1. 그가 비행기를 타지 못할까요?

2. 그가 우리를 알아볼까요?

3. 그가 거리에서 길을 잃을까요?

4. 그가 자기 실수를 깨달을까요?

5. 그가 소송에 이길까요?

6. 그가 그 시합에 질까요?

7. 그가 그것을 실행할까요?

8. 그가 승진시험에 합격할까요?

9. 그가 사업에 실패할까요?

10. 그가 약속을 지킬까요?

1) できない : 못하다
2) きおくする : 알아보다, 기억하다
3) みちに まよう : 길을 잃다
4) あやまち : 실수
   きが つく : 깨닫다
6) まける : 지다
7) じっこう : 실행
8) ごうかく : 합격
9) しっぱい : 실패
10) まもる : 지키다

단순 미래를 나타내는

〈かれが + 〜でしょうか〉형

1. かれが わたしを おそれるでしょうか。
   카레가 와타시오 오소레루데쇼- 카.

2. かれが かいこに なるでしょうか。
   카레가 카이코니 나루데쇼- 카.

3. かれが わたしに おこるでしょうか。
   카레가 와타시니 오코루데쇼- 카.

4. かれが かれの きゅうりょうに まんぞくするでしょうか。
   카레가 카레노 큐-료-니 만 조쿠스루데쇼- 카.

5. かれが あしたまで よく なるでしょうか。
   카레가 아시타마데 요쿠 나루데쇼- 카.

6. かれが これで しょうげきを うけるでしょうか。
   카레가 코레데 쇼-게키오 우케루데쇼- 카.

7. かれが わたしたちの ていぎに かんしんを もつでしょうか。
   카레가 와타시타치노 테-기니 칸 싱 오 모츠데쇼- 카.

8. かれが わたしに かんしゃするでしょうか。
   카레가 와타시니 칸 샤 스루데쇼- 카.

9. かれが わたしに むかんしんでしょうか。
   카레가 와타시니 무칸 신 데쇼- 카.

10. かれが また ほかの ぎんこうに ふさいが あるでしょうか。
    카레가 마타 호카노 깅 코-니 후사이가 아루데쇼- 카.

단순 미래를 나타내는

<그가 + ~할까요?>형

1. 그가 나를 두려워할까요?

2. 그가 해고될까요?

3. 그가 나에게 화를 낼까요?

4. 그가 그의 급료에 만족할까요?

5. 그가 내일까지 좋아질까요?

6. 그가 이것으로 충격을 받을까요?

7. 그가 우리의 제의에 관심을 가질까요?

8. 그가 나에게 감사할까요?

9. 그가 나에게 무관심할까요?

10. 그가 또다른 은행에 부채가 있을까요?

1) おそれる : 두려워하다
3) おこる : 화내다
4) きゅうりょう : 급료
   まんぞく : 만족
6) しょうげき : 충격
7) かんしん : 관심
8) かんしゃ : 감사
9) むかんしんだ : 무관심하다
10) ほか : 다른
    ふさい : 부채

공식 85 「어느 …을 하였습니까?」는 〈あなたは どの + 동사 ~ましたか〉형

1. あなたは どの くうこうで かれを みおくりましたか。
   아나타와 도노 쿠-코-데 카레오 미오쿠리마시타카.

2. あなたは ゆうべ どの ホテルに とまりましたか。
   아나타와 유-베 도노 호테루니 토마리마시타카.

3. あなたは どの えきで きしゃを のりかえましたか。
   아나타와 도노 에키데 키샤 오 노리카에마시타카.

4. あなたは きょねん どの だいがくで けいざいがくを おしえましたか。
   아나타와 쿄넨 도노 다이가쿠데 케-자이가쿠오 오시에마시타카.

5. あなたは その とけいを どの デパートで かいましたか。
   아나타와 소노 토케-오 도노 데파-토데 카이마시타카.

6. あなたは どの ていりゅうじょで バスを おりましたか。
   아나타와 도노 테-류-죠데 바스오 오리마시타카.

7. あなたは どの レストランで ゆうごはんを たべましたか。
   아나타와 도노 레스토란데 유-고항 오 타베마시타카.

8. あなたは どの ほんやで その ほんを かいましたか。
   아나타와 도노 홍야데 소노 홍 오 카이마시타카.

9. あなたは どの しょうせつで その じじつを みつけましたか。
   아나타와 도노 쇼-세츠데 소노 지지츠오 미츠케마시타카.

10. あなたは どの ていしゃじょで ちかてつに のりましたか。
    아나타와 도노 테-샤죠데 치카테츠니 노리마시타카.

공식 85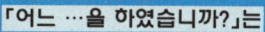

「어느 …을 하였습니까?」는

<당신은 어느 + 동사 ~하였습니까?>형

1. 당신은 어느 공항에서 그를 배웅하였습니까?

2. 당신은 어젯저녁 어느 호텔에서 묵었습니까?

3. 당신은 어느 역에서 기차를 갈아탔습니까?

4. 당신은 작년에 어느 대학에서 경제학을 가르쳤습니까?

5. 당신은 그 시계를 어느 백화점에서 샀습니까?

6. 당신은 어느 정류장에서 버스를 내렸습니까?

7. 당신은 어느 음식점에서 저녁을 먹었습니까?

8. 당신은 어느 서점에서 그 책을 구했습니까?

9. 당신은 어느 소설에서 그 사실을 찾았습니까?

10. 당신은 어느 정거장에서 지하철을 탔습니까?

1) くうこう : 공항 みおくる : 배웅하다 3) のりかえる : 갈아타다 4) けいざいがく : 경제학 おしえる : 가르치다	6) ていりゅうじょ : 정류장 8) ほんや : 서점 9) しょうせつ : 소설 じじつ : 사실 10) ていしゃじょ : 정거장

「어느 …을 ~하였습니까」는

〈あなたは どの +~しましたか〉형

1. あなたは どの がっこうに しがんしましたか。
   아나타와 도노 각 코-니 시간 시마시타카.

2. あなたは どの びょういんに きふしましたか。
   아나타와 도노 뵤-인니 키후시마시타카.

3. あなたは どこの えいごの じゅくに かよいますか。
   아나타와 도코노 에-고노 쥬쿠니 카요이마스카.

4. あなたは どの チームに しょぞくして いますか。
   아나타와 도노 치-무니 쇼 조쿠시테 이마스카.

5. あなたは どこの だいがくを そつぎょうしましたか。
   아나타와 도코노 다이가쿠오 소츠교- 시마시타카.

6. あなたは どの チームを おうえんしますか。
   아나타와 도노 치-무오 오-엔 시마스카.

7. あなたは どの かいしゃと けいやくを ていけつしましたか。
   아나타와 도노 카이샤 토 케-야쿠오 테-케츠시마시타카.

8. あなたは きのう どの やまを のぼりましたか。
   아나타와 키노- 도노 야마오 노보리마시타카.

9. あなたは どこの くにの しゅっしんですか。
   아나타와 도코노 쿠니노 슛 신 데스카.

10. あなたは どの ぎんこうに こうざを かいせつしましたか。
    아나타와 도노 깅코-니 코-자오 카이세츠시마시타카.

공식 86 「어느 …을 ~하였습니까」는
<당신은 어느 + ~하였습니까>형

1. 당신은 어느 학교에 지원하였습니까?
2. 당신은 어느 병원에 기부하였습니까?
3. 당신은 어느 영어학원에 다닙니까?
4. 당신은 어느 팀에 소속합니까?
5. 당신은 어느 대학을 졸업하였습니까?
6. 당신은 어느 팀을 응원합니까?
7. 당신은 어느 회사와 계약을 체결하였습니까?
8. 당신은 어제 어느 산을 등산하였습니까?
9. 당신은 어느 나라 출신입니까?
10. 당신은 어느 은행에 계좌를 개설하였습니까?

1) しがん : 지원
2) びょういん : 병원
   きふ : 기부
3) じゅく : 학원
   かよう : 다니다
4) しょぞく : 소속
5) そつぎょう : 졸업
6) おうえん : 응원
7) けいやく : 계약
   ていけつ : 체결
10) こうざ : 계좌
    かいせつ : 개설

공식 87

「~중의 어느 것(사람)을 ~합니까?」를 말 할 때는

〈あなたは ~の うち +~ですか〉형

1. あなたは あの しまいの うち どちらの かたが すきですか。
   아나타와 아노 시마이노 우치 도치라노 카타가 스키데스카.

2. あなたは わたしの はなしの うち どれが すきですか。
   아나타와 와타시노 하나시노 우치 도레가 스키데스카.

3. かのじょは かのじょの ともだちの うち どなたを しょうかいしましたか。
   카노죠와 카노죠 노 토모다치노 우치 도나타오 쇼- 카이시마시타카.

4. かのじょは かのじょの しまいの うち どなたを ほめましたか。
   카노죠와 카노죠 노 시마이노 우치 도나타오 호메마시타카.

5. かれは かれの でしの うち どの がくせいを すいせんしましたか。
   카레와 카레노 데시노 우치 도노 각 세-오 스이센 시마시타카.

6. あなたの ほんの うち どれを わたしに かして くれますか。
   아나타노 혼 노 우치 도레오 와타시니 카시테 쿠레마스카.

7. あなたの しょうせつの うち どれを いま よんで いますか。
   아나타노 쇼- 세츠노 우치 도레오 이마 욘데 이마스카.

8. あなたの がっきの うち どれが すきですか。
   아나타노 각 키노 우치 도레가 스키데스카.

9. あなたの ぼうしの うち どれが いちばん すきですか。
   아나타노 보- 시노 우치 도레가 이치방 스키데스카.

10. あなたは むすこさんの うち だれを ほめましたか。
    아나타와 무스코산노 우치 다레오 호메마시타카.

「~중의 어느 것(사람)을 ~합니까?」를 말 할 때는

〈당신은 ~중의 + ~합니까?〉형

1. 당신은 저 자매중 어느 분을 좋아합니까?

2. 당신은 저의 이야기중 어느 것을 좋아합니까?

3. 그녀는 그녀의 친구중 어느 분을 소개하였습니까?

4. 그녀는 그녀의 자매중 어느 분을 칭찬하였습니까?

5. 그는 그의 제자중 어느 학생을 추천하였습니까?

6. 당신의 책 중 어느 것을 저에게 빌려 주겠습니까?

7. 당신의 소설중 어느 것을 지금 읽고 있습니까?

8. 당신의 악기중 어느 것을 좋아합니까?

9. 당신의 모자 중에서 어느 것을 가장 좋아합니까?

10. 당신은 아들 중 어느 누구를 칭찬하였습니까?

1) しまい : 자매
3) どなた : 어느분
4) ほめる : 칭찬하다
5) でし : 제자
   すいせん : 추천
8) がっき : 악기
9) ぼうし : 모자
   いちばん : 제일
10) むすこさん : (상대방의) 아들

공식 88 「…은 어느 ~에 있습니까?」는

〈~は + どの ~に ありますか〉형

1. あなたの かいしゃは どの まちに ありますか。
   아나타노 카이샤 와 도노 마치니 아리마스카.

2. あなたの じむしつは どの ビルに ありますか。
   아나타노 지무시츠와 도노 비루니 아리마스카.

3. イギリスの たいしかんは どの まちに ありますか。
   이기리스노 타이시캉 와 도노 마치니 아리마스카.

4. かんこくの りょうじかんは どの まちに ありますか。
   캉 코쿠노 료- 지캉와 도노 마치니 아리마스카.

5. かれの べっそうは どの かわべに ありますか。
   카레노 벳 소- 와 도노 카와베니 아리마스카.

6. フランスの たいしかんは どの まちに ありますか。
   후란 스노 타이시캉 와 도노 마치니 아리마스카.

7. ドイツの りょうじかんは どの まちに ありますか。
   도이츠노 료- 지캉와 도노 마치니 아리마스카.

8. あなたの ほんしゃは どの まちに ありますか。
   아나타노 혼 샤와 도노 마치니 아리마스카.

9. えいぎょうぶは なんがいに ありますか。
   에-교- 부와 낭 가이니 아리마스카.

10. きょうは なんようびですか。
    쿄- 와 낭 요-비데스카.

공식 88

「…은 어느 ~에 있습니까?」는

<~은 + 어느 ~에 있습니까?>형

1. 당신의 회사는 어느 거리에 있습니까?
2. 당신의 사무실은 어느 빌딩에 있습니까?
3. 영국 대사관은 어느 거리에 있습니까?
4. 한국 영사관은 어느 거리에 있습니까?
5. 그의 별장은 어느 강변에 있습니까?
6. 프랑스 대사관은 어느 거리에 있습니까?
7. 독일 영사관은 어느 거리에 있습니까?
8. 당신의 본사는 어느 거리에 있습니까?
9. 영업부는 몇 층에 있습니까?
10. 오늘은 어떤 요일입니까?

1) まち : 거리
2) ビル : 빌딩
3) イギリス : 영국
   たいしかん : 대사관
4) りょうじかん : 영사관
5) べっそう : 별장
   かわべ : 강변
6) フランス : 프랑스
7) ドイツ : 독일
8) ほんしゃ : 본사
9) えいぎょうぶ : 영업부
   なんがい : 몇층
10) なんようび : 무슨 요일

「어느(어떤) …을 ~하였습니까」는

〈あなたは どんな +~ましたか〉형

1. あなたは どの まちに すんで いますか。
   아나타와 도노 마치니 슨 데 이마스카.

2. あなたの じむしつは どの まちに ありますか。
   아나타노 지무시츠와 도노 마치니 아리마스카.

3. ついらくは どの はしで おこりましたか。
   츠이라쿠와 도노 하시데 오코리마시타카.

4. あなたは しゅうまつは どこで すごしましたか。
   아나타와 슈- 마츠와 도코데 스고시마시타카.

5. かれは どの まちで じこを おこしましたか。
   카레와 도노 마치데 지코오 오코시마시타카.

6. かのじょは どの まちで じこに あいましたか。
   카노죠 와 도노 마치데 지코니 아이마시타카.

7. かれは どの まちで しょうとつじこが ありましたか。
   카레와 도노 마치데 쇼- 토츠지코가 아리마시타카.

8. さつじんじけんは どの としで おこりましたか。
   사츠진 지켕 와 도노 토시데 오코리마시타카.

9. あなたの べっそうは どの おかに ありますか。
   아나타노 벳 소- 와 도노 오카니 아리마스카.

10. あなたは なんじに とうじょうを はじめますか。
    아나타와 난 지니 토-죠- 오 하지메마스카.

「어느(어떤) …을 ~하였습니까」는

<당신은 어떤 + ~하였습니까?>형

1. 당신은 어느 거리에 살고 있습니까?

2. 당신의 사무실은 어느 거리에 있습니까?

3. 추락은 어느 다리에서 일어났습니까?

4. 당신은 주말을 어느 곳에서 보냈습니까?

5. 그는 어느 거리에서 사고를 일으켰습니까?

6. 그녀는 어느 거리에서 사고를 당했습니까?

7. 그는 어느 거리에서 충돌사고가 있었습니까?

8. 살인 사건은 어느 도시에서 일어났습니까?

9. 당신의 별장은 어느 언덕에 있습니까?

10. 당신은 몇 시에 탑승을 시작합니까?

3) ついらく : 추락
   はし : 다리
4) しゅうまつ : 주말
5) じこ : 사고
   おこす : 일으키다
7) しょうとつ : 충돌
8) さつじんじけん : 살인사건
   とし : 도시
9) おか : 언덕
10) とうじょう : 탑승

공식 90 「몇…」을 말할 때는

〈~は + なん + ですか〉형

1. この みせは なんじから なんじまで ひらきますか。
   코노 미세와 난 지카라 난 지마데 히라키마스카.

2. あなたは アメリカに なんねんかん いましたか。
   아나타와 아메리카니 난 넹 캉 이마시타카.

3. ケネディは なんねんかん せいけんを にぎりましたか。
   케네디와 난 넹 칸 세-켕오 니기리마시타카.

4. あなたは なんページを よみましたか。
   아나타와 남 페-지오 요미마시타카.

5. アメリカで フットボールは なんがつから なんがつまで かいさいしますか。
   아메리카데 훗 토보-루와 낭 가츠카라 낭 가츠마데 카이사이시마스카.

6. ここで かんこうきゃくは なんがつから なんがつまでが いちばん おおいですか。
   코코데 캉코-캬 쿠와 낭 가츠카라 낭 가츠마데가 이치방 오-이데스카.

7. あそこに ある アパートは なんがいの ものですか。
   아소코니 아루 아파-토와 낭 가이노 모노데스카.

8. あなたは アパートの なんがいを ちんたいしますか。
   아나타와 아파-토노 낭 가이오 친 타이시마스카.

9. アメリカは いくつの しゅうに なって いますか。
   아메리카와 이쿠츠노 슈-니 낫 테 이마스카.

10. この こうえんは どの まちから どの まちまで わたって いますか。
    코노 코-엥와 도노 마치카라 도노 마치마데 와탓 테 이마스카.

공식 90 「몇…」을 말할 때는
〈~은 + 몇 + 입니까?〉형

1. 이 가게는 몇 시에서 몇 시까지 엽니까?

2. 당신은 미국에서 몇 년간 있었습니까?

3. 케네디는 몇 년간 정권을 잡았습니까?

4. 당신은 몇 페이지를 읽었습니까?

5. 미국에서 풋볼은 어느 달에서 어느 달까지 개최합니까?

6. 이곳에서 관광객은 어느 달에서 어느 달까지 가장 많습니까?

7. 저 곳에 있는 아파트는 몇 층짜리들 입니까?

8. 당신은 아파트 몇 층들을 임대합니까?

9. 미국은 몇 주로 이루어졌습니까?

10. 이 공원은 어느 거리에서 어느 거리까지 걸쳐 있습니까?

1) みせ : 가게
2) なんねんかん : 몇 년간
3) せいけん : 정권
   にぎる : 잡다
5) なんがつ : 몇 월
   かいさい : 개최
6) かんこうきゃく : 관광객
7) なんがい : 몇 층
8) ちんたい : 임대
9) いくつ : 몇 개
   しゅう : 주
10) こうえん : 공원

きほん たいわ

1. A: あなたは どの まちに すんで いますか。
   아나타와 도노 마치니 슨데 이마스카.

   B: わたしは チョンノに すんで います。
   와타시와 쵼노니 슨데 이마스.

2. A: あなたは どんな ところで しゅうまつを すごしましたか。
   아나타와 돈나 토코로데 슈-마츠오 스고시마시타카.

   B: ソラクサンで しゅうまつを すごしました。
   소라쿠산데 슈-마츠오 스고시마시타.

3. A: かれは どの まちで じこを おこしましたか。
   카레와 도노 마치데 지코오 오코시마시타카.

   B: かれは カンナムたいろで じこを おこしました。
   카레와 칸나무타이로데 지코오 오코시마시타.

4. A: あなたは どの きゅうじょうで やきゅうを しますか。
   아나타와 도노 큐-죠-데 야큐-오 시마스카.

   B: ザムシルきゅうじょうで やきゅうを します。
   자무시루큐-죠-데 야큐-오 시마스.

5. A: なんじに とうじょうを はじめますか。
   난지니 토-죠-오 하지메마스카.

   B: ごぜん はちじに とうじょうを はじめます。
   고젠 하치지니 토-죠-오 하지메마스.

기본 대화

1. A : 당신은 어느 거리에 살고 있습니까?

   B : 나는 종로 거리에 살고 있습니다.

2. A : 당신은 어떤 곳에서 주말을 보냈습니까?

   B : 설악산에서 주말을 보냈습니다.

3. A : 그는 어느 거리에서 사고를 일으켰습니까?

   B : 그는 강남 대로에서 사고를 냈습니다.

4. A : 당신은 어느 구장에서 야구를 합니까?

   B : 잠실구장에서 야구를 합니다.

5. A : 몇 시에 탑승을 시작합니까?

   B : 오전 8시에 탑승을 시작합니다.

3) B: たいろ : 대로
4) A: きゅうじょう : 구장
　　 やきゅう : 야구
5) A: はじめる : 시작하다

공식 91 「가장 …한 ~은 무엇입니까?」는

〈かんこくで いちばん ~は なんですか〉형

1. かんこくで いちばん たかい やまは なんですか。
   캉 코쿠데 이치방 타카이 야마와 난 데스카.

2. かんこくで いちばん ながい かわは なんですか。
   캉 코쿠데 이치방 나가이 카와와 난 데스카.

3. かんこくで いちばん たかい たてものは なんですか。
   캉 코쿠데 이치방 타카이 타테모노와 난 데스카.

4. かんこくで いちばん おおきい ぎんこうは なんですか。
   캉 코쿠데 이치방 오-키- 깅 코-와 난 데스카.

5. かんこくで いちばん いい だいがくは なんですか。
   캉 코쿠데 이치방 이- 다이가쿠와 난 데스카.

6. かんこくで いちばん ふるい ホテルは なんですか。
   캉 코쿠데 이치방 후루이 호테루와 난 데스카.

7. かんこくで いちばん ふかい みずうみは なんですか。
   캉 코쿠데 이치방 후카이 미즈우미와 난 데스카.

8. かんこくで いちばん にんきの ある ホテルは どれですか。
   캉 코쿠데 이치방 닝 키노 아루 호테루와 도레데스카.

9. ソウルで いちばん ちんたいりょうが たかい ちいきは どこですか。
   소-루데 이치방 친 타이료- 가 타카이 치이키와 도코데스카.

10. せかいで いちばん おおきい としは どこですか。
    세카이데 이치방 오-키- 토시와 도코데스카.

「가장 …한 ~은 무엇입니까?」는
〈한국에서 가장 ~은 무엇입니까?〉형

1. 한국에서 가장 높은 산은 어느 것입니까?

2. 한국에서 가장 긴 강은 어느 것입니까?

3. 한국에서 가장 높은 건물은 어느 것입니까?

4. 한국에서 가장 큰 은행은 이느 것입니까?

5. 한국에서 가장 좋은 대학은 어느 것입니까?

6. 한국에서 가장 오래 된 호텔은 어느 것입니까?

7. 한국에서 가장 깊은 호수는 어느 것입니까?

8. 한국에서 가장 인기 있는 호텔은 어느 것입니까?

9. 서울에서 가장 임대료가 비싼 지역은 어느 곳입니까?

10. 세계에서 가장 큰 도시는 어느 것입니까?

1) たかい : 높다
   やま : 산
2) ながい : 길다
   かわ : 강
3) たてもの : 건물
6) ふるい : 오래되다
7) ふかい : 깊다
9) ちんたいりょう : 임대료
   ちいき : 지역
10) せかい : 세계

공식 92 「무엇 때문에(어째서)」를 물을 때에는

〈あなたは なんの ために +～しましたか〉형

1. あなたは なんの ために アルバイトを しますか。
   아나타와 난 노 타메니 아루바이토오 시마스카.

2. あなたは なんの ために それを しましたか。
   아나타와 난 노 타메니 소레오 시마시타카.

3. かれは なんの ために てつがくの はかせを かくとくしましたか。
   카레와 난 노 타메니 테츠가쿠노 하카세오 카쿠토쿠시마시타카.

4. あなたは なぜ せいめいほけんを かいやくしましたか。
   아나타와 나제 세-메-호켕 오 카이야쿠시미시타카.

5. あなたは なぜ おおい おかねを ほしがりますか。
   아나타와 나제 오-이 오카네오 호시가리마스카.

6. かんこくぎんこうは なんの ために りしりつを さげましたか。
   캉 코쿠 깅코-와 난 노 타메니 리시리츠오 사게마시타카.

7. せいふは なんの ために ていきんりの せいさくを さいたくしましたか。
   세-후와 난 노 타메니 테-킨 리노 세-사쿠오 사이타쿠시마시타카.

8. かれは なんの ために しめきりを ふつかかん えんきしましたか。
   카레와 난 노 타메니 시메키리오 후츠카캉 엥 키시마시타카.

9. かれは なんの ために しめきりを じゅうにがつまで ひきのばしましたか。
   카레와 난 노 타메니 시메키리오 쥬- 니 가츠마데 히키노바시마시타카.

10. しゃちょうは なんの ために かれを みんなの まえで しっせきしましたか。
    샤 쵸- 와 난 노 타메니 카레오 민 나노 마에데 싯 세키시마시타카.

「무엇 때문에(어째서)」를 물을 때에는
〈당신은 무엇 때문에 + ~했습니까?〉형

1. 당신은 무엇 때문에 아르바이트를 합니까?

2. 당신은 무엇 때문에 그것을 하였습니까?

3. 그는 무엇 때문에 철학 박사를 획득하였습니까?

4. 당신은 무엇 때문에 생명보험을 해약하였습니까?

5. 당신은 무엇 때문에 많은 돈을 원합니까?

6. 한국은행은 무엇 때문에 이자율을 내렸습니까?

7. 정부는 무엇 때문에 저금리 정책을 채택하였습니까?

8. 그는 무엇 때문에 마감 시간을 2일간 연기하였습니까?

9. 그는 무엇 때문에 마감 시간을 12월까지 지연시켰습니까?

10. 사장은 무엇 때문에 그를 모든 사람 앞에서 질책했습니까?

1) アルバイト : 아르바이트
3) てつがく : 철학
   はかせ : 박사
   かくとく : 획득
4) かいやく : 해약
5) おかね : 돈
6) りしりつ : 이자율
   さげる : 내리다
7) せいふ : 정부
   ていきんり : 저금리
8) しめきり : 마감시간
   えんき : 연기
9) ひきのばす : 지연시키다
10) しっせき : 질책

きほん たいわ

1. A: あなたは なんの ために アルバイトを しますか。
   아나타와 난 노 타메니 아루바이토오 시마스카.

   B: がくひを かせぐために アルバイトを します。
   가쿠히오 카세구타메니 아루바이토오 시마스.

2. A: せいふは なぜ ていきんりの せいさくを さいたくしましたか。
   세-후와 나제 테-킨리노 세-사쿠오 사이타쿠시마시타카.

   B: ふきょうを だかいする ために さいたくしました。
   후쿄-오 다카이스루 타메니 사이타쿠시마시타.

3. A: なんの ために あなたは それに たいする そちを とりましたか。
   난 노 타메니 아나타와 소레니 타이스루 소치오 토리마시타카.

   B: かいぜんの ために とったのです。
   카이젠 노 타메니 톳 타노데스.

4. A: なんの ために ていきの よきんを かいやくしましたか。
   난 노 타메니 테-키노 요킹 오 카이야쿠시마시타카.

   B: せいけいひを ししゅつする ために かいやくしました。
   세-케-히오 시슈 츠스루 타메니 카이야쿠시마시타.

5. A: なんの ために かれは てつがくの はかせを かくとくしましたか。
   난 노 타메니 카레와 테츠가쿠노 하카세오 카쿠토쿠시마시타카.

   B: きょうじゅに なる ために かくとくしました。
   쿄- 쥬니 나루 타메니 카쿠토쿠시마시타.

기본 대화

1. A : 당신은 무엇 때문에 아르바이트를 합니까?

   B : 학비를 벌기 위해 아르바이트합니다.

2. A : 정부는 어째서 저금리 정책을 채택하였습니까?

   B : 불황을 타개하기 위하여 채택하였습니다.

3. A : 무엇 때문에 당신은 그것에 대한 조지를 취하였습니까?

   B : 개선을 위해서 취한 것입니다.

4. A : 무엇 때문에 정기예금을 해약하였습니까?

   B : 생계비를 지출하기 위해 해약하였습니다.

5. A : 무엇 때문에 그는 철학 박사를 획득하였습니까?

   B : 교수가 되기 위해서 획득하였습니다.

1) B: がくひ : 학비
   かせぐ : 벌다
2) A: せいさく : 정책
   さいたく : 채택
   B: だかい : 타개
3) A: ~に たいする : ~에 대한
   B: かいぜん : 개선
4) A: ていき : 정기
   B: せいけいひ : 생계비
   ししゅつ : 지출
5) B: きょうじゅ : 교수

「…을 어떻게 생각합니까?」를 말 할 때는

〈~を どう おもいますか〉형

1. (あなたは) それを どう おもいますか。
   (아나타와) 소레오 도- 오모이마스카.

2. (あなたは)かれの いけんを どう おもいますか。
   (아나타와)카레노 이켕오 도- 오모이마스카.

3. かれの かんがえを どう おもいますか。
   카레노 캉가에오 도- 오모이마스카.

4. ソウルは どう おもいますか。
   소-루와 도- 오모이마스카.

5. わたしの ようふくは どう おもいますか。
   와타시노 요-후쿠와 도- 오모이마스카.

6. ひこうきで りょこうするのは どう おもいますか。
   히코-키데 료코-스루노와 도- 오모이마스카.

7. あたらしい はんばいの けいかくは どう おもいますか。
   아타라시- 함바이노 케-카쿠와 도- 오모이마스카.

8. ことしの ファッションは どう おもいますか。
   코토시노 홧숑와 도- 오모이마스카.

9. わたしたちの かぞくせいどは どう おもいますか。
   와타시타치노 카조쿠세-도와 도- 오모이마스카.

10. わたしたちの えいごの かていは どう おもいますか。
    와타시타치노 에-고노 카테-와 도- 오모이마스카.

공식 93

「…을 어떻게 생각합니까?」를 말 할 때는

<~을 어떻게 생각합니까?>형

1. (당신은) 그것을 어떻게 생각하십니까?

2. (당신은) 그의 의견을 어떻게 생각하십니까?

3. 그의 생각을 어떻게 생각하십니까?

4. 서울은 어떻게 생각하십니까?

5. 나의 양복은 어떻게 생각하십니까?

6. 비행기로 여행하는 것은 어떻게 생각하십니까?

7. 새 판매 계획은 어떻게 생각하십니까?

8. 금년의 패션은 어떻게 생각하십니까?

9. 우리의 가족 제도는 어떻게 생각하십니까?

10. 우리들의 영어 과정은 어떻게 생각하십니까?

2) いけん : 의견
3) かんがえ : 생각
5) ようふく : 양복
6) ひこうき : 비행기
7) あたらしい : 새롭다
9) かてい : 과정

「…은(을) 어떻게 생각합니까?」를 말할 때는

〈~を どう おもいますか〉형

1. (あなたは) げんだいびじゅつを どう おもいますか。
   (아나타와) 겐 다이비쥬 츠오 도- 오모이마스카.

2. (あなたは) げんだいの ぶんがくを どう おもいますか。
   (아나타와) 겐 다이노 붕 가쿠오 도- 오모이마스카.

3. かんこくの たべものを どう おもいますか。
   캉 코쿠노 타베모노오 도- 오모이마스카.

4. この ぼうしは どう おもいますか。
   코노 보- 시와 도- 오모이마스카.

5. この たばこは どう おもいますか。
   코노 타바코와 도- 오모이마스카.

6. げんだいの かがくは どう おもいますか。
   겐 다이노 카가쿠와 도- 오모이마스카.

7. その えんそうかいは どう おもいますか。
   소노 엔 소-카이와 도- 오모이마스카.

8. この しょうせつは どう おもいますか。
   코노 쇼- 세츠와 도- 오모이마스카.

9. この てんらんかいは どう おもいますか。
   코노 텐 랑 카이와 도- 오모이마스카.

10. この りょていは どう おもいますか。
    코노 료 테-와 도- 오모이마스카.

공식 94 「…은(을) 어떻게 생각합니까?」를 말할 때는
<~을 어떻게 생각합니까?>형

1. (당신은) 현대미술을 어떻게 생각하십니까?
2. (당신은) 현대 문학을 어떻게 생각하십니까?
3. 한국 음식을 어떻게 생각하십니까?
4. 이 모자는 어떻게 생각하십니까?
5. 이 담배는 어떻게 생각하십니까?
6. 현대 과학은 어떻게 생각하십니까?
7. 그 연주회는 어떻게 생각하십니까?
8. 이 소설은 어떻게 생각하십니까?
9. 이 전람회는 어떻게 생각하십니까?
10. 이 여정은 어떻게 생각하십니까?

1) げんだいびじゅつ : 현대미술
2) ぶんがく : 문학
3) たべもの : 음식
5) たばこ : 담배
6) かがく : 화학
7) えんそうかい : 연주회
9) てんらんかい : 전람회
10) りょてい : 여정

きほん たいわ

1. A: あたらしい しゃちょうを どう おもいますか。
   아타라시- 샤쵸-오 도- 오모이마스카.

   B: とても しんせつだと おもいます。
   토테모 신세츠다토 오모이마스.

2. A: かれの いけんを どう おもいますか。
   카레노 이켕 오 도- 오모이마스카.

   B: とても ゆうしゅうだと おもいます。
   토테모 유-슈- 다토 오모이마스.

3. A: わたしの ようふくは どう おもいますか。
   와타시노 요-후쿠와 도- 오모이마스카.

   B: あなたに とても よく にあいます。
   아나타니 토테모 요쿠 니아이마스.

4. A: この しょうせつは どう おもいますか。
   코노 쇼- 세츠와 도- 오모이마스카.

   B: とても おもしろいと おもいます。
   토테모 오모시로이토 오모이마스.

5. A: その えんそうかいは どう おもいますか
   소노 엔 소- 카이와 도- 오모이마스카.

   B: とても せいこうてきだと おもいます。
   토테모 세-코- 테키닷타토 오모이마스.

기본 대화

1. A : 새 사장을 어떻게 생각합니까?

   B : 매우 친절하다고 생각합니다.

2. A : 그의 의견을 어떻게 생각합니까?

   B : 매우 우수하다고 생각합니다.

3. A : 나의 양복은 어떻게 생각합니까?

   B : 당신에게 매우 잘 어울립니다.

4. A : 이 소설은 어떻게 생각합니까?

   B : 매우 재미있다고 생각합니다.

5. A : 그 연주회는 어떻게 생각합니까?

   B : 매우 성공적이었다고 생각합니다.

1) A: しゃちょう : 사장
   B: とても : 매우
   しんせつだ : 친절하다
2) B: ゆうしゅうだ : 우수하다
3) A: ようふく : 양복
   B: にあう : 어울린다
4) B: おもしろい : 재미있다
5) B: せいこうてきだ : 성공적이다
   ～と おもう : ～라고 생각한다

공식 95

「…과 …의 차이는 무엇입니까?」를 말할 때는

〈~と ~の ちがいは なんですか〉형

1. この ぼうしと あの ぼうしとの ちがいは なんですか。
   코노 보-시토 아노 보-시토노 치가이와 난 데스카.

2. この かぐと あの かぐとの ちがいは なんですか。
   코노 카구토 아노 카구토노 치가이와 난 데스카.

3. この テレビと あの テレビとの ちがいは なんですか。
   코노 테레비토 아노 테레비토노 치가이와 난 데스카.

4. くじらと さかなとの ちがいは なんですか。
   쿠지라토 사카나토노 치가이와 난 데스카.

5. せんたくの かもくと ひっすかもくとの ちがいは なんですか。
   센타쿠노 카모쿠토 힛 스카모쿠토노 치가이와 난 데스카.

6. かがくと せいかがくとの ちがいは なんですか。
   카가쿠토 세-카가쿠토노 치가이와 난 데스카.

7. アイスクリームと アイスコンとの ちがいは なんですか。
   아이스쿠리-무토 아이스콘 토노 치가이와 난 데스카.

8. ゼリーと ジャムとの ちがいは なんですか。
   제리-토 쟈 무토노 치가이와 난 데스카.

9. インフルエンザと フルとの ちがいは なんですか。
   인 후루엔 자토 후루토노 치가이와 난 데스카.

10. みんしゅう げいじゅつと みんしゅう こうげいとの ちがいは なんですか。
    민 슈- 게-쥬 츠토 민 슈- 코-게-토노 치가이와 난 데스카.

「…과 …의 차이는 무엇입니까?」를 말할 때는

<~와 ~의 차이는 무엇입니까>형

1. 이 모자와 저 모자와의 차이는 무엇입니까?
2. 이 가구와 저 가구와의 차이는 무엇입니까?
3. 이 TV와 저 TV와의 차이는 무엇입니까?
4. 고래와 물고기와의 차이는 무잇입니까?
5. 선택과목과 필수과목과의 차이는 무엇입니까?
6. 화학과 생화학과의 차이는 무엇입니까?
7. 아이스크림과 아이스콘과의 차이는 무엇입니까?
8. 젤리와 잼과의 차이는 무엇입니까?
9. 인플루엔자와 플루와의 차이는 무엇입니까?
10. 민중예술과 민중공예와의 차이는 무엇입니까?

---

2) かぐ : 가구
4) くじら : 고래
　 さかな : 물고기
5) せんたく : 선택
　 かもく : 과목
　 ひっす : 필수
6) せいかがく : 생화학
8) ジャム : 잼
10) みんしゅう : 민중
　　 げいじゅつ : 예술
　　 こうげい : 공예

「어떤 종류의 …」라고 물을 때는

〈あなたは どんな しゅるいの ~か〉형

1. これらは どんな しゅるいの きですか。
   코레라와 돈 나 슈 루이노 키데스카.

2. あれは どんな しゅるいの ほんですか。
   아레와 돈 나 슈 루이노 혼 데스카.

3. あの しゅくじょは どんな しゅるいの おんなの ひとですか。
   아노 슈 쿠죠와 돈 나 슈루이노 온 나노 히토데스카.

4. あなたは どんな しゅるいの しょうせつが すきですか。
   아나타와 돈 나 슈 루이노 쇼- 세츠가 스키데스카.

5. あなたは どんな しゅるいの やさいが すきですか。
   아나타와 돈 나 슈 루이노 야사이가 스키데스카.

6. あなたは どんな しゅるいの にくが すきですか。
   아나타와 돈 나 슈 루이노 니쿠가 스키데스카.

7. あなたは どんな しゅるいの しょくじが すきですか。
   아나타와 돈 나 슈 루이노 쇼 쿠지가 스키데스카.

8. あなたは どんな しゅるいの しごとを しますか。
   아나타와 돈 나 슈 루이노 시고토오 시마스카.

9. あなたは どんな しゅるいの おかしを たべますか。
   아나타와 돈 나 슈 루이노 오카시오 타베마스카.

10. あなたは どんな しゅるいの しゅみを もって いますか。
    아나타와 돈 나 슈 루이노 슈 미오 못 테 이마스카.

「어떤 종류의 …」라고 물을 때는
<당신은 어떤 종류의 ~까>형

1. 이것들은 어떤 종류의 나무입니까?

2. 저것은 어떤 종류의 책입니까?

3. 저 숙녀는 어떤 종류의 여자입니까?

4. 당신은 어떤 종류의 소설을 좋아합니까?

5. 당신은 어떤 종류의 야채를 좋아합니까?

6. 당신은 어떤 종류의 고기를 좋아합니까?

7. 당신은 어떤 종류의 식사를 좋아합니까?

8. 당신은 어떤 종류의 일을 합니까?

9. 당신은 어떤 종류의 과자를 먹습니까?

10. 당신은 어떤 종류의 취미를 가지고 있습니까?

1) しゅるい : 종류
   き : 나무
3) しゅくじょ : 숙녀
   おんな : 여자
5) やさい : 야채
6) にく : 고기
7) しょくじ : 식사
9) おかし : 과자
   たべる : 먹다
10) しゅみ : 취미
    もつ : 갖다

きほん たいわ

1. A: これらは どんな しゅるいの きですか。
   코레라와 돈나 슈루이노 키데스카.

   B: それらは まつです。
   소레라와 마츠데스.

2. A: あれは どんな しゅるいの ほんですか。
   아레와 돈나 슈루이노 혼데스카.

   B: それは まんがの ほんです。
   소레와 망가노 혼 데스.

3. A: これらは どんな しゅるいの くだものですか。
   코레라와 돈나 슈루이노 쿠다모노데스카.

   B: それらは メロンと バナナです。
   소레라와 메론토 바나나데스.

4. A: あなたは どんな しゅるいの やさいが すきですか。
   아나타와 돈나 슈루이노 야사이가 스키데스카.

   B: わたしは にんじんが すきです。
   와타시와 닌징가 스키데스.

5. A: あなたは どんな しゅるいの にくが すきですか。
   아나타와 돈나 슈루이노 니쿠가 스키데스카.

   B: わたしは ぎゅうにくが すきです。
   와타시와 규- 니쿠가 스키데스.

기본 대화

1. A : 이것들은 어떤 종류의 나무입니까?

    B : 그것들은 소나무입니다.

2. A : 저것은 어떤 종류의 책입니까?

    B : 그것은 만화책입니다.

3. A : 이것들은 어떤 종류의 과일입니까?

    B : 그것들은 메론과 바나나입니다.

4. A : 당신은 어떤 종류의 야채를 좋아하십니까?

    B : 나는 당근을 좋아합니다.

5. A : 당신은 어떤 종류의 고기를 좋아합니까?

    B : 나는 쇠고기를 좋아합니다.

1) B: まつ : 소나무
2) B: まんが : 만화
3) A: くだもの : 과일
4) B: にんじん : 당근
5) B: ぎゅうにく : 쇠고기

공식 97 「때[시간]」을 물을 때는
<あなたは いつ + 동사…?>형

1. あなたは いつ ゆうごはんを たべますか。
   아나타와 이츠 유-고항 오 타베마스카.

2. あなたは いつ ソウルに つきますか。
   아나타와 이츠 소-루니 츠키마스카.

3. あなたは いつ アメリカへ たちますか。
   아나타와 이츠 아메리카에 타치마스카.

4. かいぎは いつ はじめますか。
   카이기와 이츠 하지메마스카.

5. あなたは まいにち いつ いえへ かえりますか。
   아나타와 마이니치 이츠 이에- 카에리마스카.

6. あなたは いつ しごとを やめますか。
   아나타와 이츠 시고토오 야메마스카.

7. あなたは いつ ひこうきに とうじょうしますか。
   아나타와 이츠 히코-키니 토-죠- 시마스카.

8. あなたは いつ がいこくへ いきますか。
   아나타와 이츠 가이코쿠에 이키마스카.

9. としょかんは いつ もんを あけますか。
   토쇼캉와 이츠 몽오 아케마스카.

10. あなたは いつ かいしゃへ はたらきに いきますか。
    아나타와 이츠 카이샤에 하타라키니 이키마스카.

「때[시간]」을 물을 때는

<당신은 언제 + 동사…?>형

1. 당신은 언제 저녁을 먹습니까?

2. 당신은 언제 서울에 도착합니까?

3. 당신은 언제 미국으로 떠납니까?

4. 회의는 언제 시작합니까?

5. 당신은 매일 언제 집에 옵니까?

6. 당신은 언제 일을 그만둡니까?

7. 당신은 언제 비행기에 탑승합니까?

8. 당신은 언제 외국에 갑니까?

9. 도서관은 언제 문을 엽니까?

10. 당신은 언제 회사로 일하러 갑니까?

---

4) はじめる : 시작하다
5) まいにち : 매일
6) やめる : 그만두다
8) がいこく : 외국
9) としょかん : 도서관
   もんを あける : 문을 열다

きほん たいわ

1. A: あなたは いつ ばんごはんを たべますか。
   아나타와 이츠 방 고항 오 타베마스카.

   B: わたしは しちじに ばんごはんを たべます。
   와타시와 시치지니 방 고항 오 타베마스.

2. A: あなたは いつ ソウルへ つきますか。
   아나타와 이츠 소-루에 츠키마스카.

   B: わたしは ごがつ みっかに つきます。
   와타시와 고가츠 믹카니 츠키마스.

3. A: あなたは いつ アメリカへ たちますか。
   아나타와 이츠 아메리카에 타치마스카.

   B: わたしは しがつ とおかに アメリカへ たちます。
   와타시와 시카츠 토-카니 아메리카에 타치마스.

4. A: あなたは いつ しごとを はじめますか。
   아나타와 이츠 시고토오 하지메마스카.

   B: わたしは くじに しごとを はじめます。
   와타시와 쿠지니 시고토오 하지메마스.

5. A: あなたは いつ ひこうきに とうじょうしますか。
   아나타와 이츠 히코-키니 토-죠-시마스카.

   B: わたしは ごぜん はちじに とうじょうします。
   와타시와 고젠 하치지니 토-죠- 시마스.

기본 대화

1. A : 당신은 언제 저녁을 먹습니까?

   B : 나는 7시에 저녁을 먹습니다.

2. A : 당신은 언제 서울에 도착합니까?

   B : 나는 5월 3일에 도착합니다.

3. A : 당신은 언제 미국으로 떠납니까?

   B : 나는 4월 10일에 미국으로 떠납니다.

4. A : 당신은 언제 일을 시작합니까?

   B : 나는 9시에 일을 시작합니다.

5. A : 당신은 언제 비행기에 탑승합니까?

   B : 나는 오전 8시에 탑승합니다.

1) A: ばんごはん : 저녁밥
2) B: ごがつ : 5월
   みっか : 3일
3) B: しがつ : 4월
   とおか : 10일
4) B: くじ : 9시

「때[시간]」을 물을 때는

<주어 + いつ + 동사 …?>형

1. かれらは いつ けっこんしましたか。
   카레라와 이츠 켁 콘 시마시타카.

2. かれらは いつ けっこんしきが ありましたか。
   카레라와 이츠 켁 콘 시키가 아리마시타카.

3. かれらは いつ けしょうひんを つくりましたか。
   카레라와 이츠 케쇼- 힝 오 츠쿠리마시타카.

4. アメリカの がくせいたちは まいねん いつ そつぎょうしますか。
   아메리카노 각 세-타치와 마이넹 이츠 소츠교- 시마스카.

5. だいにじ せかいたいせんは いつ おわりましたか。
   다이니지 세카이타이셍와 이츠 오와리마시타카.

6. アメリカは いつ イギリスから どくりつしましたか。
   아메리카와 이츠 이기리스카라 도쿠리츠시마시타카.

7. わたしたちは だいかんみんこくを いつ けんこくしましたか。
   와타시타치와 다이캄 밍 코쿠오 이츠 켕 코쿠 시마시타카.

8. アメリカの がっこうは まいとし いつ はじまりますか。
   아메리카노 각 코-와 마이토시 이츠 하지마리마스카.

9. ブルクッサは いつ そうけんされましたか。
   부루쿠크사와 이츠 소-켄 사레마시타카.

10. なつやすみは いつ はじまりますか。
    나츠야스미와 이츠 하지마리마스카.

「때[시간]」을 물을 때는
⟨주어+언제 + 동사 …?⟩형

1. 그들은 언제 결혼했습니까?

2. 그들은 언제 결혼식이 있었습니까?

3. 그들은 언제 화장품을 만들었습니까?

4. 미국의 학생들은 매년 언제 졸업합니까?

5. 제2차 세계대전은 언제 끝났습니까?

6. 미국은 언제 영국에서 독립하였습니까?

7. 우리는 대한민국을 언제 건국하였습니까?

8. 미국의 학교는 매년 언제 시작합니까?

9. 불국사는 언제 창건되었습니까?

10. 여름 휴가는 언제 시작합니까?

1) けっこん : 결혼
2) しき : 식
3) けしょうひん : 화장품
4) まいねん : 매년
5) だいにじ : 제2차
   せかいたいせん : 세계대전
6) どくりつ : 독립
7) だいかんみんこく : 대한민국
   けんこく : 건국
8) まいとし : 매년
9) そうけん : 창건
10) なつやすみ : 여름휴가

きほん たいわ

1. A: かれらは いつ けっこんしましたか。
   카레라와 이츠 켁 콘 시마시타카.

   B: かれらは せんきゅうひゃくごじゅうねんに けっこんしました。
   카레라와 셍 큐- 햐 쿠고쥬- 넨니 켁 콘 시마시타.

2. A: だいにじ せかいたいせんは いつ とっぱつしましたか。
   다이니지 세카이타이셍와 이츠 톱 파츠시마시타카.

   B: せんきゅうひゃくさんじゅうきゅうねんに とっぱつしました。
   셍 큐- 햐 쿠 산쥬- 큐- 넨니 톱 파츠시마시타.

3. A: アメリカは イギリスから いつ どくりつしましたか。
   아메리카와 이기리스카라 이츠 도쿠리츠시마시타카.

   B: せんななひゃくななじゅうろくねんに イギリスから どくりつしました。
   센 나나햐 쿠 나나쥬-로 쿠넨니 이기리스카라 도쿠리츠시마시타.

4. A: なつやすみは いつ はじまりますか。
   나츠야스미와 이츠 하지마리마스카.

   B: しちがつに はじまります。
   시치가츠니 하지마리마스.

5. A: かんこくは いつ けんこくされましたか。
   캉 코쿠와 이츠 켕 코쿠 사레마시타카.

   B: せんきゅうひゃくよんじゅうはちねんに けんこくされました。
   셍 큐- 햐쿠 욘 쥬- 하치 넨니 켕 코쿠사레마시타.

기본 대화

1. A : 그들은 언제 결혼하였습니까?

   B : 그들은 1950년에 결혼하였습니다.

2. A : 제2차 세계대전은 언제 돌발하였습니까?

   B : 1939년에 돌발했습니다

3. A : 미국은 영국에서 언제 독립하였습니까?

   B : 1776년에 영국에서 독립하였습니다.

4. A : 여름휴가는 언제 시작됩니까?

   B : 7월달에 시작됩니다.

5. A : 한국은 언제 건국되었습니까?

   B : 1948년에 건국되었습니다.

---

2) A : とっぱつ : 돌발
4) A : はじまる : 시작되다
5) ~される : ~되다

공식 99 「어째서[왜]」를 물을 때는
<あなたは なぜ+동사 ~?>형

1. あなたは なぜ そんな ことを しましたか。
   아나타와 나제 손나 코토오 시마시타카.

2. あなたは なぜ そんなに わるく こうどうしましたか。
   아나타와 나제 손 나니 와루쿠 코-도-시마시타카.

3. あなたは なぜ その ていぎを きょぜつしましたか。
   아나타와 나제 소노 테-기오 쿄 제츠 시마시타카.

4. あなたは なぜ ほんしゃを いてんしましたか。
   아나타와 나제 혼 샤 오 이텐 시마시타카.

5. あなたは なぜ かれを はんばいぶへ いどうさせましたか。
   아나타와 나제 카레오 함 바이 부에 이도- 사세마시타카.

6. あなたは なぜ だまって いましたか。
   아나타와 나제 다맛 테 이마시타카.

7. なぜ ドルは きゅうらくしましたか。
   나제 도루와 큐- 라쿠시마시타카.

8. あなたは なぜ ひしょを かえますか。
   아나타와 나제 히쇼오 카에마스카.

9. あなたは なぜ まいにち そんなに はやく おきますか。
   아나타와 나제 마이니치 손 나니 하야쿠 오키마스카.

10. あなたは なぜ その かもくを せんこうしますか。
    아나타와 나제 소노 카모쿠오 셍 코- 시마스카.

「어째서[왜]」를 물을 때는

⟨당신은 왜 + 동사 ~?⟩형

1. 당신은 어째서(왜) 그러한 일을 하였습니까?

2. 당신은 어째서(왜) 그렇게 나쁘게 행동하였습니까?

3. 당신은 어째서(왜) 그 제의를 거절하였습니까?

4. 당신은 어째서(왜) 본시를 이전하였습니까?

5. 당신은 어째서(왜) 그를 판매부로 이동시켰습니까?

6. 당신은 어째서(왜) 잠자코 있었습니까?

7. 왜 달러화가 급락하였습니까?

8. 당신은 왜 비서를 바꿉니까?

9. 당신은 왜 매일 그렇게 일찍 일어납니까?

10. 당신은 왜 그 과목을 전공합니까?

2) わるい : 나쁘다	6) だまる : 아무말 않다
こうどう : 행동	7) きゅうらく : 급락
3) きょぜつ : 거절	8) かえる : 바꾸다
4) いてん : 이전	9) はやい : 이르다
5) いどう : 이동	10) せんこう : 전공

249

きほん たいわ

1. A: なぜ その ていぎを きょぜつしましたか。
   나제 소노 테-기오 쿄 제츠시마시타카.

   B: それが あまり たかかったからです。
   소레가 아마리 타카캇 타카라데스.

2. A: どうして かれを えいぎょうぶへ うつしましたか。
   도-시테 카레오 에-교-부에 우츠시마시타카.

   B: かれが とても ゆうのうだったからです。
   카레가 토테모 유-노-닷 타카라데스.

3. A: なぜ ドルの かちが ぼうらくしましたか。
   나제 도루노 카치가 보-라쿠시마시타카.

   B: ぼうえきしゅうしが あかじに なたからです。
   보-에키슈- 시가 아카지니 낫타카라데스.

4. A: あなたは まいにち どうして そんなに はやく おきますか。
   아나타와 마이니치 도-시테 손 나니 하야쿠 오키마스카.

   B: うんどうを しなければ ならないからです。
   운도-오 시나케레바 나라나이카라데스.

5. A: あなたは どうして あそこへ いきましたか。
   아나타와 도- 시테 아소코에 이키마시타카.

   B: かのじょに あうためです。
   카노죠 니 아우타메데스.

기본 대화

1. A : 왜 그 제의를 거절하였습니까?

   B : 그것이 너무 비싸기 때문이었습니다.

2. A : 어째서 그를 영업부로 옮기셨습니까?

   B : 그가 매우 유능했기 때문이었습니다.

3. A : 왜 달러 가치가 폭락하였습니까?

   B : 무역수지가 적자가 되었기 때문입니다.

4. A : 당신은 매일 어째서 그렇게 일찍 일어납니까?

   B : 운동을 해야 하기 때문입니다.

5. A : 당신은 어째서 거기에 갔습니까?

   B : 그녀를 만나기 위해서요.

---

1) B : あまり : 너무
   たかい : 비싸다
2) A : どうして : 어째서
   うつす : 옮기다
   B : ゆうのうだ : 유능하다
3) A : かち : 가치
   ぼうらく : 폭락
3) B : ぼうえきしゅうし : 무역수지
   あかじ : 적자
4) B : うんどう : 운동
   ～なければ ならない : ～해야한다
5) B : ～ために : ～하기 위해

「...하는 것은 어떻습니까」를 말할 때는

〈~を + 동사 ~のは どうですか〉형

1. いしゃに なるのが どうですか。
   이샤 니 나루노가 도- 데스카.

2. ぶどうしゅを すこし めしあがるのが どうですか。
   부도- 슈 오 스코시 메시아가루노가 도- 데스카.

3. こんばん しょくじを いっしょに するのが どうですか。
   콤 방 쇼쿠 지 오 잇 쇼니 스루노가 도-데스카.

4. かおりの する えいがを はつめいするのは どうですか。
   카오리노 스루 에- 가오 하츠메- 스루노와 도- 데스카.

5. もっと ちゅういを はらうのは どうですか。
   못 토 츄- 이오 하라우노와 도- 데스카.

6. かのじょを つれて くるのは どうですか。
   카노죠 오 츠레테 쿠루노와 도- 데스카.

7. もう すこし ここに とまるのが どうですか。
   모- 스코시 코코니 토마루노가 도- 데스카.

8. きんえんするのが どうですか。
   킹 엔 스루노가 도- 데스카.

9. わたしたちと いっしょに いくのが どうですか。
   와타시타치토 잇 쇼 니 이쿠노가 도- 데스카.

10. きんじつちゅうに わたしに あいに くるのが どうですか。
    킨 지츠 츄- 니 와타시니 아이니 쿠루노가 도-데스카.

「…하는 것은 어떻습니까」를 말할 때는
<~을 + 동사 ~것은 어떻습니까>형

1. 의사가 되는 것이 어떻습니까?

2. 포도주를 좀 드시는 것이 어떻습니까?

3. 오늘 저녁 식사를 함께 하는 것이 어떻습니까?

4. 향기나는 영화를 발명히는 것은 어떻습니까?

5. 좀 더 주의를 기울이는 것은 어떻습니까?

6. 그녀를 데리고 오는 것은 어떻습니까?

7. 조금 더 이곳에 머무르는 것이 어떻습니까?

8. 금연하는 것이 어떻습니까?

9. 우리와 함께 가시는 것이 어떻습니까?

10. 근일중에 나를 만나러 오는 것이 어떻습니까?

1) いしゃ : 의사
2) ぶどうしゅ : 포도주
   めしあがる : 마시다의 존경어
4) かおり : 향기
   はつめい : 발명
5) ちゅういを はらう : 주의를 기울이다
7) もう すこし : 좀 더
8) きんえん : 금연
10) きんじつちゅう : 근일중

우리말로 배우는
일어 회화

김미연 지음

2009년 4월 8일 초판 1쇄 인쇄
2009년 4월 13일 초판 1쇄 발행

펴낸이 마복남 | **펴낸곳** 버들미디어 | **등록** 제 10-1422호
주소 서울시 마포구 합정동 359-27
전화 (02)338-6165 | **팩스** (02)323-6166
E-mail : bba666@naver.com

※책값은 표지 뒷면에 표시되어 있습니다.